34

Temas Que Producirán un
Liderazgo
De Éxito

Enciende el Fuego de tu Liderazgo
Por Mario Oseguera

Aclaración

El texto, referencias autorizadas, permisos de derecho de autor y bibliografía, quedan exclusivamente al cuidado del autor y no de MACTOR PUBLISHING GROUP.

Copyright 2013
www.riosdeaguavivaupci.com
PEDIDOS E INFORMACION:
Tels.: 909.483.1456
        909.397.0581
1395 W. Mission Blvd.
Pomona, CA. 91766
Editor: Pedro Torres
Departamento de Diseño: Alex Maca

Library of Congress: Control number in process
Consignados los derechos de Autor.

Prohibida su reproducción total o parcial sin permiso escrito del autor a menos que se indique otra cosa, las referencias bíblicas han sido tomadas de la versión Reina y Valera Revisada 1960. Sociedades Bíblicas Unidas.

Diseño y diagramación:

"Le ayudamos a desarrollar el sueño de escribir su libro"

1104 N. Belt line Rd. Irving TX 75061
Tel. (214) 529 2746
www.mactorpublishing.com

Printed in USA

Agradecimiento

Primeramente, a Dios sea la gloria por los sueños que ha hecho posible en mi vida. Este manual es producto de una carga que el Señor ha puesto en mi corazón. A través de estos temas usted podrá expandir el reino de Dios en su ciudad donde Dios lo ha establecido. Doy muchas gracias a la Iglesia Ríos de Agua Viva por su apoyo en todos mis proyectos, ya que Dios me inspira a través de ellos para escribir cada libro.

Mis agradecimientos a La profesora Herta flores, y el profesor Jesús Camacho, Gabriela Salazar y Nora Coheey por su gran trabajo, esfuerzo, dedicación a la corrección y recapitulación de cada uno de los mensajes de este libro. También agradezco al pastor y amigo Pedro Torres, Alexander Maca y todo el grupo del personal de Mactor Publishing por ser los instrumentos usados en la portada y la finalización de este libro, corrigiendo y detallando cada página de su contenido. En especial agradezco al Señor Jesucristo por darme la oportunidad de poder colocar en sus manos este hermoso libro.

Introducción

Si usted ha sentido carga por enseñar liderazgo para su iglesia, este libro Despierta El Fuego De Tu Liderazgo es para Ud. Los instructores nos aseguran que las personas aprenden mejor cuando toman parte activa en la enseñanza. Por mi propia experiencia puedo decirles que esto es muy cierto. Podemos leer y leer un tema para memorizarlo pero yo más bien creo en el dicho "la práctica hace al maestro", definitivamente es hasta que usted lo enseña a otros que se hace parte de su vida. Muchas personas pueden pasar toda una vida leyendo buenos libros pero nunca esos libros causarán el provecho que deberían causar en su vida, hasta que usted lo comunica a algún amigo, o a un grupo familiar, hasta entonces es que ese libro podrá ser parte de su vida.

Basado en lo ya dicho, es un privilegio poder comunicar a alguien lo aprendido en este libro. Los que continuamente enseñan, tienen el potencial de aprender mucho más que los miembros que solo esperan que alguien les enseñe. Le aconsejo que después que lea y medite un tema, salga a la calle y enséñelo a una persona, o a un grupo de personas; obedeciendo este proceso usted se asombrará del rápido crecimiento que experimentará su vida.

Aprendemos más rápido haciendo, que solo oyendo o leyendo.

> **Un proverbio chino lo expresa así:**
>
> Oigo y me asombro
> Veo y memorizo
> Hago y aprendo.

Mi deseo es que, entre tanto, que usted lea este libro, saque sus propias conclusiones; Algo importante: Sus ideas no surgirán en su cabeza hasta después de haber leído una, dos o tres veces el tema que desea enseñar. Mientras usted lee alguno de estos temas, sentirá su propia inspiración, en este momento tome su lápiz y escriba sus propias ideas a la par, no necesariamente necesita enseñar las lecciones tal como están escritas en este manual, estas son solo bases o ideas, usted puede quitar o añadir sus propios pensamientos, habrá lecciones que encontrará con bastante material, tome solo las citas bíblicas o las ideas que le arrojen mas luz a su espíritu y enséñelas. Usted no está obligado a repetir todos los mensajes tal como están escritos. Recuerde que la manera mas productiva para que usted aprenda es enseñando; esto le ayudara más que, si solamente se dedica a leer el material.

Mantenga su Biblia a la mano mientras estudia este libro. Es muy importante oír lo que Dios dice sobre el entrenamiento de líderes. El profeta Oseas en el capítulo 4:6 nos deja un escrito muy importante. Mi pueblo fué destruido por falta de conocimiento. Con el libro Despierta El Fuego De Tu Liderazgo en sus manos, usted podrá estudiar tan rápido o despacio como lo desee.

A través de enseñar cada materia de este libro, usted reforzará y acelerará su aprendizaje. Si usted es un instructor de líderes en su iglesia, sería muy bueno saber que cada tema debe ser leído y releído por el enseñador hasta que el tema tome lugar en su propia vida, de esta manera su enseñanza impulsará directamente el corazón de sus alumnos.

Comience cada etapa de su sermón en oración. Pídale a Dios que le guíe y hable a sus alumnos por medio del tema que expondrá. No son solo las palabras que usted use para enseñar; todo mensaje deberá ser comunicado bajo la unción del Espíritu Santo. La biblia nos dice que la unción es la que rompe el yugo. Como pastor yo he orado a Dios que haga la obra en su estudio y que cada uno de estos mensajes que usted comunique a su iglesia traiga fruto para vida eterna. También he orado que a través de su entrenamiento le conceda Dios el privilegio de ver un semillero de Líderes para su iglesia.

Un proverbio dice: "La mejor manera de hacer algo es comenzando".

Hermano, ¡Levántese y Comience Hoy!

Mario Oseguera.

34

Temas Que Producirán un

Liderazgo De Éxito

		Pág.
1	Alcanza El Siguiente Nivel	11
2	La Fuerza Del Pentecostes	17
3	Subamos A La Cumbre De La Renovación	23
4	Tres Responsabilidades De Un Padre	31
5	El Alto Costo Del Pecado Oculto	39
6	El Líder Y La Oración	47
7	El Liderazgo Celular Y La Fe.	55
8	El Poder De La Fe	63
9	Los Propósitos Del Ayuno	69
10	Cómo Enseñar Fructíferamente	79
11	Como Recibir Autoridad Delegada Por Dios	89
12	Compartiendo Las Buenas Nuevas En Nuestra Comunidad	97
13	Un Ambiente Equivocado Destruye Tu Potencial	103
14	Disciplinas Espirituales	113
15	El Proceso De Afirmación	121

		Pág.
16	Enseñando Con Resultados	129
17	Entendiendo La Visión	139
18	La Importancia De Arriesgarse	147
19	La Maldición De Meroz	159
20	Enfoque Para Un Liderazgo De Éxito	169
21	La Vida Llena Del Espíritu	177
22	Las Funciones De Un Líder Mentor	185
23	Los Tres Llamados De Dios	191
24	Manejando Las Presiones Positivamente	199
25	Que Aprendemos De Las Pruebas	207
26	Seis Metas Para Un Líder Exitoso	211
27	Una Celebración Brillante	217
28	Alcanzando Tu Llamado	225
29	Ovejas Sin Pastor	233
30	Los Frutos De La Obediencia.	241
31	Avivamiento Por La Oración	247
32	Las Iglesias Exitosas Persiguen Metas Definidas	253
33	Organización Celular	261
34	El Líder Que Espera Su Tiempo	271

34 Temas Que Producirán Un Liderazgo De Éxito

Tema No. 1

Alcanza
El Siguiente Nivel
Filipenses 3:13-14

Introducción:

El famoso arquitecto Frank Lloyd Wright diseñó muchos edificios bellísimos, incluyendo casas y estructuras magníficas. Hacia el fin de su carrera un periodista le preguntó « ¿De todos sus diseños tan bellos, cuál es su favorito? » Sin pensarlo ni un segundo, Frank Lloyd Wright respondió **« El próximo »** El entendía lo que significa extenderse, ir mas allá, no conformarse nunca con los éxitos del pasado. Hay muchos cantantes, Futbolistas, Doctores, predicadores famosos y jóvenes que ya no sirven porque creyeron que una vez que tuvieran fama no tenían que hacer nada. Alguien les dijo cría fama y acuéstate a dormir. En cambio, hay otros artistas famosos que nunca dejan de escucharse sus canciones porque ellos están en pos de lo mejor cada día.

EL CONFORMISMO DESTRUYE EL FUTURO DEL HOMBRE

A. Muchos Dicen con tono de Excusa:
   «En verdad estoy satisfecho, ¿para qué seguirme esforzando?»
   «Muchos jóvenes dicen, ya terminé la High School, ¿para qué sufrir más?»
   «Bueno, es que ya logré lo mismo que tantos otros»
   «En comparación con otros, me va bien»
   «Llegué tan lejos como mis padres o quizás un poco mejor»
   »Muchos casados dicen, es normal que vivamos peleando, ¿para qué tratar de arreglarlo al fin y al cabo todos los matrimonios pelean?».

B. Dios es un Dios de bienestar y abundancia. Dios quiere que vayas más lejos todavía. Él es un Dios que quiere que tengas progreso.
   1. Mas felicidad, mas éxito, mas significado, mas vigor, mas fervor, mas fuego, mas dinamismo y mas pasión.
   2. Dios es un Dios de victoria, de triunfo, él quiere que vayas de menos a mas, y de aumento en aumento, la lluvia tardía será mejor que la primera.

C. Sin duda Dios ya ha hecho mucho en tu vida y en tu iglesia.
   1. Es posible que hayamos alcanzado cierto nivel de éxito, pero siempre hay nuevos desafíos, nuevas montañas por escalar, nuevos sueños que podemos convertir en realidad, nuevos aires que respirar.

2. Es fácil volverse complaciente, conformista y pensar «*Dios ha sido bueno conmigo, no puedo quejarme. He alcanzado mis objetivos y también mis límites. Hasta aquí llegue*» **No señor ¡Lo mejor está por venir!**
3. No permitas que tu vida se vuelva estancada y sin visión. El hombre que no tiene visión, donde quiera tropieza. El que no se para firme, por todo se debilita y cae.
4. Usted**,** ¡Siga soñando, siga peleando, siga imaginando nuevos proyectos, nuevas experiencias y aventuras, hay nueva visión, hay nuevas metas, aunque nadie más lo haga, **usted créalo!**

D. No pienses: «*A todos les va mejor que a mi, pobrecito de mi*» Dejemos ya esa mentalidad de derrota. Eres hijo o hija del Altísimo Dios. Dios ha soplado en tí, su aliento de vida y plantó en tí semillas de grandeza. Dios te dió todo lo que necesitas para cumplir tu propósito, tu destino y tu llamado.

E. Tú debes decirte a si mismo cada mañana: ***¡Soy ungido, soy creativo, soy inteligente, soy triunfante, tengo la ayuda de Dios, la gente me quiere, no soy un mártir, soy más que vencedor!***

EL HOY ES MEJOR QUE EL AYER

A. He descubierto que a Dios le gusta mostrar su favor en nuestras vidas de manera más grandiosa hoy más, que ayer.
   - Dios quiere que mañana tengas mayores bendiciones que hoy.
   - Dios quiere que tengas un impacto en el mundo hoy, más grande que el que tuviste ayer.
   - Eso significa que si eres maestro, todavía no has enseñado tu mejor lección.
   - Si eres constructor, todavía no has construido tu mejor edificio.
   - Si te dedicas a los negocios, todavía no has firmado tu mejor contrato.
   - Si cantas, predicas, ganas almas, todavía te espera lo mejor. Levántate que mucho camino tienes por delante

B. Dios quiere levantar una generación nueva, pero hay muchos que están malgastando su llamado. Si eres un adulto te aseguro que no has vivido aun los mejores años de tu vida.
   1. Cuando parecía que todo se había acabado en la vida de Noé, Dios le dió 350 años mas.
   2. Moisés tenía 80 años cuando Dios le mostró su mejor jornada.
   3. Calet tenía 80 años y Dios le inspiró para conquistar las montañas.

4. Abran tenía 100 años cuando Dios lo sorprendió con un heredero.

C. Antes que Dios te formase físicamente, ya te había dado el talento, la creatividad, la disciplina, la sabiduría y la determinación. Todo eso está en ti.
   1. Es tiempo que tu esperanza crezca, que tu visión se expanda, que te prepares para las cosas nuevas que tiene Dios en tu horizonte. Desecha las pobres expectativas y los planes pequeñitos. *¡No sueñes en pequeño!*

   2. Cambia tu manera de pensar aunque no veas tu bendición, aún prepárate porque viene. Isaías 54: *"Ensancha el sitio de tu tienda, extiende tus cortinas; no seas escasa, no sueñes en pequeño; alarga tus cuerdas, y refuerza tus estacas. Porque te extenderás a la mano derecha y a la mano izquierda; y tu descendencia heredará naciones, y ciudades asoladas."*

- ¿Quién te dijo que no tienes el atractivo para casarte un día?
- ¿Quién te dijo que te falta talento?
- ¿Quién te dijo que tu matrimonio no duraría?
- ¿Quién te dijo que tus mejores calificaciones eran D´S y F?
- ¿Quién te dijo que no podrás multiplicar tu célula?

3. Algunos piensan: «Jamás podría lograrlo. Me falta estudio. No tengo talento. Ni disciplina. Jamás romperé con esta adicción. Nunca cumpliré mis sueños, nunca podré ser feliz». Deja de mirar lo que no tienes y mira que tienes un Dios que te dice, *"TODO lo puedes en Cristo..."*

Conclusión:

Se le preguntó a un famoso equilibrista: « *¿Cuál es la clave para caminar sobre la cuerda floja y hacer que parezca fácil?»* Él dijo: «*el secreto está en mantener la mirada fija en el punto hacia donde te estás dirigiendo. Jamás mires hacia abajo ni hacia atrás porque donde vaya tu cabeza, allí irá tu cuerpo. Si desenfocas tu vista, lo más probable es que caigas. Así que siempre tienes que mirar al lugar donde quieres llegar».*

NO mires los obstáculos, no mires las limitaciones
"Mira hacia delante solo a tu meta"

34 Temas Que Producirán Un Liderazgo De Éxito

Tema No. 2

La Fuerza Del
Pentecostés

1S.10:5-6, 10-11; Hechos 2:14-24

Introducción:

Los profetas y apóstoles eran escogidos y ungidos; sus nombres estaban escritos en el "Libro de la Vida" pero esto no indicaba que ya estaban completos. Si se estudia despacio la vida de todos los apóstoles en especial la vida de Pedro, se encontrará que desde el día de Pentecostés cambió radicalmente su vida. ¿Nunca se ha preguntado cómo era Pedro antes del pentecostés y cómo fue después?

JESÚS HABLA DEL ESPÍRITU SANTO

A. Jesús les hablo muchas cosas del Espíritu Santo, esto causó intriga entre los apóstoles, llevándolos a una búsqueda que nunca antes se les habían despertado.

1. *El Espíritu Santo es como un río. Juan.7: 38* El que cree en mí, como dice la Escritura, de su interior correrán ríos de agua viva. 39 Esto dijo del Espíritu que habían de recibir los que creyesen en él;

2. *El Espíritu Santo es un consolador y un maestro Juan.14: 26* Mas el Consolador, el Espíritu Santo, a quien el Padre enviará en mi nombre, él os enseñará todas las cosas, y os recordará todo lo que yo os he dicho.

3. *El Espíritu Santo les daría una fuerza de poder Hech. 1: 8* pero recibiréis poder, cuando haya venido sobre vosotros el Espíritu Santo, y me seréis testigos en Jerusalén, en toda Judea, en Samaria, y hasta lo último de la tierra.

4. *El Espíritu Santo sería quien hablaría por ellos. Mat.10: 20* Porque no sois vosotros los que hablais, sino el Espíritu de vuestro Padre que habla en vosotros.

5. *El Espíritu Santo sería quien convencería a los pecadores. Jua.16" 7-8* Pero yo os digo la verdad:

Os conviene que yo me vaya; porque si no me fuese, el Consolador no vendría a vosotros; mas si me fuere, os lo enviaré. 8 Y cuando Él venga, convencerá al mundo de pecado, de justicia y de juicio.

PEDRO, ANTES DE PENTECOSTÉS.

A. Impulsivo para hablar en forma espontánea.

1. Fué impulsivo cuando se negó a que Cristo le lavara los pies: (Jn. 13:7).
3. Fué impulsivo para prometer lo que no cumpliría:
Pedro le dijo a Cristo: *"Aunque todos se escandalicen de ti, yo nunca me escandalizaré" "Jesús le dijo: De cierto te digo que esta noche, antes que cante el gallo, me negarás tres veces"* (Mt. 26:33-34).

4. Fué impulsivo para herir: *"Entonces Simón Pedro, que tenía una espada, la desenvainó, e hirió al siervo del sumo sacerdote y le cortó la oreja derecha. Y el siervo se llamaba Malco"* (Jn. 18:10).

B. Pedro inconsecuente y de doble ánimo.

1. Se desanimó después de la muerte del Señor al punto que abandonó su ministerio y se fue a pescar: *"Simón Pedro les dijo: Voy a pescar"* (Juan. 21:3).

2. A veces era usado por Dios y, a veces por el diablo. Mat. 16:17, Mat. 16:23.

C. Pedro era muy cobarde.

1. Por temor a los judíos siguió a Jesús de lejos: *"Y Pedro le seguía de lejos" (Le. 22:54).*
2. Por temor a los judíos, se ocultó entre los enemigos del Señor: *"Y habiendo encendido fuego en medio del patio, se sentaron alrededor; y Pedro se sentó también entre ellos" (Le. 22:55).*
3. Por temor a los judíos, negó al Señor, blasfemando: *"Entonces el comenzó a maldecir, y a jurar: No conozco al hombre" (Mt. 26:74).*

 PEDRO, DESPUÉS DE PENTECOSTÉS Hech.1:8

A. Intrépido.

1. El Día de Pentecostés fué el portavoz de los apóstoles ante tres mil personas azoradas: *"Entonces Pedro, poniéndose en pie con los once, alzó la voz sin ningún miedo y sin titubear, les habló diciendo: Varones judíos, y todos los que habitáis en Jerusalén, esto os sea notorio, y oíd mis palabras" (Hech. 2:14).*

2. Cuando la predicación en el nombre de Jesús fué prohibida: *"les intimaron que en ninguna manera hablasen ni enseñasen en el nombre de Jesús. Mas Pedro y Juan respondieron diciéndoles: Juzgad si es justo delante de Dios obedecer a vosotros antes que a Dios; porque no podemos dejar de decir lo que hemos visto y oído. "(Hech. 4:18-20).* Muchos se decían ¿Qué no era el Pedro que negó a Jesús, que juró no conocerlo? ¿Qué no es el Pedro cobarde? ¿Qué ha pasado ahora en la vida de Pedro?
3. Durante la segunda persecución fueron puestos en la cárcel, pero al salir, inmediatamente fueron al templo a predicar: *"He aquí, los varones que pusisteis en la cárcel y en el templo, enseñan al pueblo" (Hech. 5 :25).*

B. Pedro, un hombre de oración.

1. La noche cuando el Señor fue aprendido, Pedro se quedó dormido aunque el Señor le pidió que velase en oración (Mt. 26:40, 41).
   Después de Pentecostés se dirigía al templo a la hora de la oración: *"Pedro y Juan subían juntos al templo a la hora novena, la de la oración" (Hech. 3:1).*
3. Ahora Pedro aprovechaba los momentos libres para orar: *"Pedro subió a la azotea para orar, cerca de la hora sexta"* (Hech. 10:9).

C. Poderoso en la Palabra.
1. Como tres mil personas se convirtieron con su primer sermón (Hech. 2:41).
2. En Lida muchos se convirtieron bajo su ministerio (Hech. 9:35).
3. En casa de Cornelio todos se convirtieron bajo su predicación (Hech. 10:44-48).

D. Poderoso para sanar.
1. Dios lo usó en la sanidad del paralítico que sentaban a la puerta del templo (Hech. 3:1-10).
2. Aún la sombra de Pedro tenia virtud para sanar los enfermos (Hech. 5:15). Oró por Eneas, quien tenía ocho años paralítico, y el Señor lo levantó (Hech. 9:34).

Conclusión:

Al estudiar este tema, yo debo de tener hambre de recibir ese poder, Jesús dijo: *Bienaventurados los que tienen hambre y sed de justicia, porque ellos serán saciados Mat. 5:6. Pedid, y se os dará; buscad, y hallaréis; llamad, y se os abrirá. Porque todo aquel que pide, recibe; y el que busca, halla; y al que llama, se le abrirá. Mat.7:7-8* Si Dios cambió tan radicalmente a los apóstoles y en especial la vida del apóstol Pedro, también te puede cambiar a ti. ¿Estás dispuesto?

34 Temas Que Producirán Un Liderazgo De Éxito

Tema No. 3

Subamos A La Cumbre
De La Renovación
Éxodo 34:2; 28-29

Introducción:

Los hermanos en Cristo siempre han sido receptivos a la obra del Espíritu Santo. Reconocemos que el Espíritu Santo continua obrando en la iglesia de hoy para enseñarnos como entender, interpretar y aplicar las Escrituras. Cuando estudiamos juntos las Escrituras, creemos que el Espíritu Santo nos ayuda a discernir la verdad y la voluntad de Dios. Nuestro objetivo siempre es mantenernos fieles a la Palabra de Dios.

Éxodo 34:2 Prepárate, pues, para mañana, y sube de mañana al monte de Sinaí, y preséntate ante mí sobre la cumbre del monte. V. 28 Y él estuvo allí con Jehová cuarenta días y cuarenta noches; no comió pan, ni bebió agua; y escribió en tablas las palabras del pacto, los diez mandamientos. Y aconteció que descendiendo Moisés del monte Sinaí con las dos tablas del testimonio en su mano, al descender del monte, no sabía Moisés que la piel de su rostro resplandecía, después que hubo hablado con Dios.

CUANDO DIOS DECIDE USAR A UN HOMBRE, PRIMERO LO RENUEVA

A. Dios se interesa primeramente en renovar el conducto por el cual se va a manifestar.

1. Cuando Dios quiso usar a Isaías, primero lo llevó a un trono alto y sublime Isa.6
2. Cuando Dios iba a revelar los diez mandamientos a Moisés lo llevó al monte Sinaí para renovarle.
3. Cuando Dios quiso usar a sus discípulos, los llevó al aposento y los renovó. La tarea no la podemos realizar en la carne.

B. El éxito no es una donación que nos llega simplemente por desearlo, el éxito es una conquista, y cada conquista tiene un precio.

C. Para lograr un movimiento de crecimiento en las congregaciones, sectores, distritos, necesitamos estar impactados en Dios.
   1. Si no estamos impactados; los métodos, programas, estrategias, no serán efectivos en nuestras manos. Una persona puede tener la verdad y no causar ningún impacto. A veces cuidamos mas la forma de nuestras palabras que la convicción con la que trasmitimos el mensaje.
   2. No descartamos la ayuda de los métodos y programas, pero esto, por sí sólo no dan ninguna eficacia, cuando nosotros estamos impactados en Dios, cualquier método por sencillo, arrojará resultados asombrosos.

CADA CONQUISTA TIENE SU PRECIO

A. Nos llama la atención la historia de Jacob **Gen.32:11** *Líbrame ahora de la mano de mi hermano, de la mano de Esaú, porque le temo; no venga acaso y me hiera la madre con los hijos.* **Gen. 32:22** *Y se levantó aquella noche, y tomó sus dos mujeres, y sus dos siervas, y sus once hijos, y pasó el vado de Jaboc. 23 Los tomó, pues, e hizo pasar el arroyo a ellos y a todo lo que tenía. 24 Así se quedó Jacob solo; y luchó con él un varón hasta que rayaba el alba.* **Gen.33:4** *Pero Esaú corrió a su encuentro y le abrazó, y se echó sobre su cuello, y le besó; y lloraron.*

B. ¿Qué cree que hizo el cambio en el carácter indomable de Esaú?. Sin lugar a dudas todo funcionó porque Jacob había aprendido que no era por ser listo y hábil para los negocios. Él había pasado una noche de lucha con Dios.

1. Aun Dios le añadió a este esfuerzo de Jacob diciendo: *"No se dirá más tu nombre Jacob, sino Israel; porque has luchado con Dios y con los hombres, y has vencido. Gen.32:28"* Jacob fué transformado y renovado en su naturaleza espiritual.

C. Para conquistar al mundo para Cristo, necesitamos estar impactados, porque la iglesia progresa al paso de sus líderes y su pastor. Esto nos indica que necesitamos nosotros subir a la cumbre de la renovación.
   1. Esto no es más que comenzar a encender la llama, buscar la unción al precio que haya que pagar.
   2. Que el grupo o la congregación que dirigimos nos vea renovados, al igual que el pueblo de Israel miró a Moisés al bajar del monte con su rostro resplandecer de la presencia de Dios.

CUANDO ESTAMOS IMPACTADOS PODEMOS IMPACTAR A LOS QUE NOS RODEAN.

A. Nehemías le dijo al pueblo, después de haber sido renovado en la cámara secreta de la oración:

(Neh.2: 17-18) Les dije, pues: Vosotros veis el mal en que estamos, que Jerusalén está desierta, y sus puertas consumidas por el fuego; venid, y edifiquemos el muro de Jerusalén, y no estemos más en oprobio. Entonces les declaré cómo la mano de mi Dios había sido buena sobre mí, y asimismo las palabras que el rey me había dicho. Y dijeron: Levantémonos y edifiquemos. Así esforzaron sus manos para bien.

B. Nuestros grupos celulares, nuestros hijos y esposas, están esperando ese impulso de restauración, pero tiene que llegar de nosotros.

1. No podemos impactar a nadie, si nosotros no estamos impactados,
2. No podemos producir renovación, si no estamos renovados,
3. No se pueden convertir los pecadores, si nosotros no dejamos la frialdad.
4. No esperemos que el resto esté en avivamiento, si nosotros no lo tenemos

C. Solamente libres del conformismo podremos ver el resultado de una renovación espiritual.
1. No te conformas con sobrevivir.
2. No te conformes con un grupito.
3. No te conformes con una lluviecita de bendición de cuando en cuando.

4. No te conformes con mojarte solo los tobillos.
5. No te conformes con un éxito a medias.

LOS PELIGROS DE PERMANECER FRIO

A. Apoc.2: 4 *Pero tengo contra ti, que has dejado tu primer amor. 5 Recuerda, por tanto, de dónde has caído, y arrepiéntete, y haz las primeras obras;* <u>pues sino</u>, *vendré pronto a ti, y quitaré tu candelero de su lugar, si no te hubieres arrepentido.*
 1. La represión no fué tanto porque se enfrió sino porque se quedó conforme asi. Recuerda las primeras obras.
 2. Sin darnos cuenta poco a poco se va descuidando nuestra devoción a Dios, la comunión en la oración, la santificación, la lectura y la asistencia a la iglesia. No permita el descuido de esos pequeños esfuerzos.
    - Dios removió a Elí, por descuidar su ministerio.
    - Dios le cerró la puerta a cinco vírgenes por ser descuidadas en su vigilancia.

B. Solo renovados, somos capaces de:
 1. romper paradigmas,
 2. entusiasmarnos,
 3. enfrentar los desafíos,
 4. comprometernos en el plan de Dios,
 5. definir nuestro curso y
 6. mantener firme nuestro compromiso.

C. David entendió muy claro que solo renovados podemos ser usados poderosamente por Dios. *Sal. 51:10 Crea en mí, oh Dios, un corazón limpio, y **renueva un espíritu recto dentro de mí**... 12 Vuélveme el gozo de tu salvación, y espíritu noble me sustente. 13 **Entonces** enseñaré a los transgresores tus caminos, Y los pecadores se convertirán a ti. 19 **Entonces** te agradarán los sacrificios de justicia, el holocausto u ofrenda del todo quemada; **Entonces** ofrecerán becerros sobre tu altar.*

Todo comienza con Dios. *Apoc.21: 5 Y el que estaba sentado en el trono dijo: He aquí, yo hago nuevas todas las cosas. Y me dijo: Escribe; porque estas palabras son fieles y verdaderas.*

Conclusión:

Debemos de hacer hoy un análisis, una resolución de vencer y vivir o conformarse y morir. Un día Jacob lo tuvo que hacer: la decisión de volverse a Dios y vivir o seguir mintiendo y morir. Josué y Calet también llegaron a esta decisión: pelear y vivir o conformarse y morir. David frente a Goliat tuvo que luchar y vivir o acobardarse y morir.

34 Temas Que Producirán Un Liderazgo De Éxito

Tema No. 4

Tres Responsabilidades
De Un Padre
(Efesios 6:4; Nehemías 4:12-14)

Introducción:

Una de las necesidades más urgentes hoy, en los hogares, es que los padres (Especialmente los Papás) reconozcan sus responsabilidades y autoridad dada por Dios en relación a sus hijos. Dios habla a los padres instruyéndolos para que den dirección y orientación apropiada a sus hijos. Un padre que está dentro del orden divino, tiene una autoridad dada por Dios y debe ejercerla para el bienestar y salvación de su familia. Un padre fiel, desempeña su trabajo y responsabilidad hacia sus hijos. Podríamos resumir las órdenes del apóstol en estas tres palabras; _Enseñanza_, _Oración_ y _Protección._

La autoridad no es derivada de nosotros mismos. La autoridad del sargento militar depende del capitán que lo apoya. La autoridad del capitán también depende del mayor del regimiento y así sucesivamente. La autoridad de los padres depende de Dios, quien lo ha puesto como autoridades sobre sus hijos.

ENSEÑANZA CON EJEMPLO

A. Estas dos palabras no se pueden separar la una de la otra, de otra manera la enseñanza no tendría ninguna validez. En la Biblia, ninguna enseñanza es mas clara que la que un padre debe enseñar a sus hijos sobre el modo de servir a Dios con confianza y ejemplo. *Y estas palabras que yo te mando hoy, estarán sobre tu corazón; 7 y <u>las repetirás a tus hijos</u>, y hablarás de ellas estando en tu casa, y andando por el camino, y al acostarte, y cuando te levantes. 8 Y las atarás como una señal en tu mano, y estarán como frontales entre tus ojos; 9 y las escribirás en los postes de tu casa, y en tus puertas. Deut. 6: 6-9*

B. Padres ejemplares de la Biblia.
Y Jehová estuvo con Josafat, porque anduvo en los primeros caminos de David su padre, y no buscó a los baales, sino que buscó <u>al Dios de su padre</u>, y anduvo en sus mandamientos, y no según las obras de Israel. Jehová, por tanto, confirmó el reino en su mano, y todo Judá dio a Josafat presentes; y tuvo riquezas y gloria en abundancia. Cron. 17; 35

De dieciséis años era Uzías cuando comenzó a reinar, y cincuenta y dos años reinó en Jerusalén. El nombre de su madre fue Jecolías, de Jerusalén. E hizo lo recto ante los ojos de Jehová, <u>conforme a todas las cosas que había hecho Amasías su padre</u>. Y persistió en buscar a Dios en los días de Zacarías, entendido en visiones de Dios; y en estos días en que buscó a Jehová, él le prosperó. Cron. 26; 35

Trayendo a la memoria la fe no fingida que hay en ti, la cual habitó primero en tu abuela Loida, y en tu madre Eunice, y estoy seguro que en ti también. 2 Tim.1: 5. Pero persiste tú en lo que has aprendido y te persuadiste, sabiendo de quién has aprendido; y que desde la niñez has sabido las Sagradas Escrituras, las cuales te pueden hacer sabio para la salvación por la fe que es en Cristo Jesús. 2 Tim 3:14-15

C. ¿Qué gran impacto se produce en los niños y jóvenes cuando ven la fidelidad de los padres unidos con el pastor para proclamar la palabra de Dios? nuestros hogares necesitan ser " centro de aprendizaje". ¡Oh que bendiciones tiene Dios en reserva para el hogar donde el padre lee constantemente la Biblia para su familia y los guía por sendas espirituales!. *Instruye al niño en su camino, Y aun cuando fuere viejo no se apartará de él. Prov.22: 6*

ORACION INTERCESORA

A. Las oraciones de los padres parecen que tienen un poder especial ante el trono de Dios en el cielo. Veamos algunos ejemplos:
   1. Job ofrecía sacrificios temprano por la mañana, por cada uno de sus hijos. *Y acontecía que habiendo pasado en turno los días del convite, Job enviaba y los santificaba, y se levantaba de mañana y ofrecía holocaustos conforme al número de todos ellos. Porque decía Job: Quizá habrán pecado mis hijos, y habrán blasfemado contra Dios en sus corazones. De esta manera hacía todos los días. Job; 1;5.*
   2. David ofrecía oración por salomón. *Jehová, Dios de Abraham, de Isaac y de Israel nuestros padres, conserva perpetuamente esta voluntad del corazón de tu pueblo, y encamina su corazón a ti. Asimismo da a mi hijo Salomón corazón perfecto, para que guarde tus mandamientos, tus testimonios y tus estatutos, y para que haga todas las cosas, y te edifique la casa para la cual yo he hecho preparativos. 1Cron.29:18-19.*

   1. El padre de un hijo atormentado por los demonios. *Cuando llegaron al gentío, vino a él un hombre que <u>se arrodilló delante de él</u>, diciendo: Señor, ten misericordia de mi hijo, que es lunático, y padece muchísimo; porque*

muchas veces cae en el fuego, y muchas en el agua. 18 Y reprendió Jesús al demonio, el cual salió del muchacho, y éste quedó sano desde aquella hora. Mat.17: 14-18; Mar.7:24-30;

2. Jairo, el principal de la sinagoga. Marc.5:22-24 Y vino uno de los principales de la sinagoga, llamado Jairo; y luego que le vio, <u>se postró a sus pies</u>, y le rogaba mucho, diciendo: Mi hija está agonizando; ven y pon las manos sobre ella para que sea salva, y vivirá. Fue, pues, con él; y le seguía una gran multitud, y le apretaban. V. 41-42 Y tomando la mano de la niña, le dijo: Talita cumi; que traducido es: Niña, a ti te digo, levántate. Y luego la niña se levantó y andaba, pues tenía doce años. Y se espantaron grandemente. Mar.5:22-24, 41-42.

B. Hay un gran poder en la humillación *2 Sam.19:18-19, 23*
Y cruzaron el vado para pasar a la familia del rey, y para hacer lo que a él le pareciera. Entonces Simei hijo de Gera se postró delante del rey cuando él hubo pasado el Jordán, y dijo al rey: No me culpe mi señor de iniquidad, ni tengas memoria de los males que tu siervo hizo el día en que mi señor el rey salió de Jerusalén; no los guarde el rey en su corazón. V. 23 Y dijo el rey a Simei: No morirás. Y el rey se lo juró.

PROTECCIÓN DEL HOGAR

A. Potestades de los aires y poderes espirituales buscan continuamente destruir el hogar. Pablo dijo claramente que, no luchamos contra sangre ni carne, sino contra fuerzas espirituales (Efesios 6;12)

   1. Los demonios habitan en la atmósfera. En tales condiciones, la santidad del hogar debe ser protegida y conservada.
   2. Es la responsabilidad de los padres ver que ninguna corrupción entre en el hogar; cosas profanas e impías en nuestros hogares dan una invitación clara a la actividad de espíritus malvados. "No *traerás cosa abominable (algo odioso) a tu casa ... porque es anatema Deut.7:26.*
   3. Acán trajo maldición a toda su familia *Jos. 7:21-24, Pues vi entre los despojos un manto babilónico muy bueno, y doscientos ciclos de plata, y un lingote de oro de peso de cincuenta ciclos, lo cual codicié y tomé; y he aquí que está escondido bajo tierra en medio de mi tienda, y el dinero debajo de ello. Josué entonces envió mensajeros, los cuales fueron corriendo a la tienda; y he aquí estaba escondido en su tienda, y el dinero debajo de ello. Y tomándolo de en medio de la tienda, lo trajeron a Josué y a todos los hijos de Israel, y lo pusieron delante de Jehová. Entonces Josué, y todo Israel con él, tomaron a Acán hijo de Zera, el dinero, el manto, el lingote de oro,*

sus hijos, sus hijas, sus bueyes, sus asnos, sus ovejas, su tienda y todo cuanto tenía, y lo llevaron todo al valle de Acor. Y le dijo Josué: ¿Por qué nos has turbado? Túrbete Jehová en este día. Y todos los israelitas los apedrearon, y los quemaron después de apedrearlos. Job;11;14-19

1. Cuando el Ángel destructor pasó a través de la tierra en Egipto en el tiempo de Moisés, todo hogar donde el jefe de la casa había rociado sangre en los marcos de las puertas, fue librado. El padre que protegió a su familia con la sangre de la oveja, es un tipo perfecto y hermoso del padre que ora y cubre a sus hijos con la sangre de Cristo. Exo.12:3-7 .
2. El padre del Nuevo Testamento que mantiene su familia bajo sus oraciones. Él es, en un sentido de la palabra, un sacerdote para su familia.

B. La invasión del ocultismo. "No hay duda que estamos viviendo en tiempos violentos. Las calles de nuestra ciudad están llenas de crímenes, robos, violencia criminal y abuso familiar".

1. Otra causa mayor de crímenes son las actividades pandilleras. A esto hay que sumarles los problemas de drogas, prostitución, divorcio y abandono del hogar, entre otros. Son muchos los hijos que abandonan el hogar por la falta de un padre.

C. El espiritismo y ocultismo están creciendo en proporciones incontrolables. Todos los periódicos de nuestras ciudades contienen columnas enteras de astrología. Un estudio señala que los americanos mantienen a 175,000 astrólogos empleados a medio tiempo y 10,000 a tiempo completo.

D. Los verdaderos padres de la actualidad tenemos la responsabilidad de ser hombres fuertes espiritualmente y no permitir que el mundo del ocultismo invada nuestro hogar y nuestros hijos. Es hoy más que nunca donde necesitamos "padres protectores".

Conclusión:

Si eres el hombre del hogar, ora por ti mismo. Ora por sabiduría, por fortaleza espiritual, por el coraje o convicción. Solo con la ayuda de Dios, podemos proteger a nuestros hijos. La Biblia dice que el reino de cielos se hace fuerte y solo los valiente lo arrebatan (Mateo 11:12). Se tú un valiente protector. PADRES, Protejamos nuestros hogares y nuestros niños y démosle el beneficio de vivir en el único lugar llamado "Cielo sobre la tierra" El hogar divinamente ordenado.

Tema No. 5

El Alto Costo
Del Pecado Oculto
Num.32:23; 2S.12:1-15; Prov.28:13

Introducción:

El Pecado es la violación de la ley de Dios. Por naturaleza el pecado es altamente costoso. Si cada uno considerara este costo lo pensaría antes de pecar.

EL COSTO ESPIRITUAL. Romanos 3:23 *"Por cuanto todos pecaron, y están destituidos de la gloria de Dios"*. En el rey David quedan reflejadas de un lado la debilidad humana, el mal uso del poder, y de otro lado la infinita misericordia de Dios, siempre fiel y dispuesto a esperar que el pecador, acude a Él en demanda de perdón.

Por aproximadamente un año, David cargó la terrible culpa de lo que él había hecho, hasta que el Señor se lo reveló a Natan el profeta.

EL MAL TIEMPO QUE VIVIÓ DAVID

A. Antes de que su pecado fuera expuesto, David vivió un amargo tiempo ocultando ese pecado.

1. Esa carga que David tomó le costó mucho. Le torturó su mente, desgastó sus emociones y le desarmó de su fuerza espiritual. La pregunta es: "cómo fue que él, un fiel seguidor del Señor, se pudo comportar de esa manera?"

B. Cuidado, el pecado es sutil!
   » Una plática confidencial con la persona Equivocada.
   » un rait con la persona de sexo opuesto,
   » una llamada telefónica inoportuna del amigo,
   » una salida al cine sin tomar riesgos.

C. David constantemente se preocupaba de que su pecado fuera a salir a la luz, Moisés lo había escrito: "Vuestro pecado os alcanzará. " Num. 32:23

D. David escribió cuatro Salmos describiendo la angustia y el terror que él vivió como resultado de su pecado oculto.

El Salmo 38 dice: "Porque tus saetas cayeron sobre mí, y sobre mi ha descendido tu mano."(Sal. 38:2) Sal. 6:1-2,6-7, Sa1.32:3-4, Sa1.38:1-12, y Sal.51:1).

 ARREPIÉNTASE A TIEMPO Y EVITE EL CASTIGO

A. Cuando Dios enfrentó a Adán y Eva no se arrepintieron, no examinaron su error, no reconocieron su pecado sino que cada uno culpó al otro, por lo tanto tuvieron que ser echados de la presencia de Dios. *ICor.II:31 Si, pues, nos examinásemos a nosotros mismos, no seriamos juzgados; 32 más siendo juzgados, somos castigados por el Señor, para que no seamos condenados con el mundo.*

B. El pecado le llevará mas allá de lo que contempla. Muchos jóvenes cometen el pecado de fornicación, luego viene el embarazo, después viene el asesinato de la criatura.
   1. El pecado que Saúl cometió fue, sacrificar la ofrenda a Dios que no le pertenecía a él. El pecado cuesta mas de lo que pensabas pagar. Este pecado de Saúl le costó su reino.
   2. La relación de Sansón con una filistea le costó su libertad, su dignidad, sus ojos y la muerte.
   No hay una mayor carga para un creyente, que tener pecados escondidos que no han sido confesados.

C. Moisés sabía que el pecado ofrece placer temporal (He. 11:25) y luego se convierte en una pesadilla destructiva.

D. Otra raíz de dolor fue la vergüenza y la humillación que David sintió cuando toda la nación supo de su pecado. Es triste decirlo, pero eso también es parte del alto costo del pecado. Es triste pensar que todo ese sufrimiento, David se lo trajo a sí mismo. Esto fue la cosecha de lo que él plantó y no había manera de evadirlo.

EL PECADO ENDURECE EL CORAZON EN CONTRA DE DIOS

A. El libro de hebreos específicamente menciona este problema. *Antes exhortaos los unos a los otros cada día, entre tanto que se dice: Hoy; para que ninguno de vosotros se endurezca por el engaño del pecado He 3:13*

B. Cuando el pecado nos separa de Dios, nuestra alma se enfría. Isa.59:2

C. El pecado hace que las personas se escondan de Dios así como Adán y Eva, así como David.

LA CALAMIDAD SOBRE SU PROPIA CASA.

A. La situación de David, desagradó a Dios, David creyó que nadie conocía su pecado. Dios le comunica: *2Sam.12:7 "Yo te hice rey de todo mi Pueblo, yo te cuidé para que Saúl no te matara, hasta te di su palacio y sus mujeres y aún te habría dado más, si tu así lo hubieras querido". "Pero ahora, por haberte burlado de mí y por haberle quitado a Urias, su mujer. V. 10 Por lo cual ahora no se apartará jamás de tu casa la espada, por cuanto me menospreciaste, y tomaste la mujer de Urías heteo para que fuese tu mujer.*

1. Siempre habrá en tu familia espada violenta.
2. Tus propios hijos te harán sufrir mucho,
3. A escondidas tuviste relaciones sexuales con la mujer de otro, yo haré que otros tomen a tus mujeres y se acuesten con ellas delante de todo el mundo".

B. David no se imaginaba lo que le deparaba el destino, un gran azote vendría sobre su reina, sobre David y sobre sus hijos. Ahora tendría que soportar las consecuencias de su pecado.

C. David se arrepintió de todo corazón y fue perdonado, sin embargo debió sufrir las consecuencias de su pecado:

1. Después de haber pecado: el Espíritu de Dios se separó de el.
2. Sufre terribles enfermedades físicas.
3. El reino fue dividido por su propio hijo Absalón.
4. Sus mujeres fueron dadas a su prójimo, lo que hizo a escondidas, fue puesto a la luz.
5. El pecado de David fue expuesto en toda la nación.
6. Dos hijos de David cometieron adulterio.
7. Su hija fue abusada sexualmente por su propio hermano,
8. Tres hijos mueren uno en el nacimiento, otro asesinado por su propio hermano y otro queda ahorcado entre los árboles.

Conclusión:

La buena noticia: El Señor nunca dejó de amar a David, por eso le reprendió. Apoc.3:19; Hebre.12:5-8,11 Dios no quería la condenación de David, por eso le descubrió el pecado en vida. El solo quería que David se diera cuenta de la gravedad de su pecado. El pecado es como un ácido sulfúrico concentrado, no se puede jugar con el sin quemarse.

Hace un tiempo una mujer honesta y sincera, escribió una carta de preocupación a un pastor. En la carta ella decía: ¡tengo miedo! Yo he servido al Señor por mucho tiempo, y he estado fría. No tengo carga por las almas, no tengo deseo de orar o de leer la Biblia. Una oscuridad espiritual está dominando. Sin embargo lo que mas me preocupa es que no estoy preocupada por lo que está sucediendo. Tengo miedo.

Dios, puede quitar el más sucio pecado si hay un verdadero arrepentimiento, pero Dios no pasará por alto, ni perdonará el pecado aun de sus hijos más amados, si estos no vienen a Él y se arrepienten de corazón.

34 Temas Que Producirán Un **Liderazgo De Éxito**

Tema No. 6

El Líder
Y La Oración
1 Tesalonicenses 5:17

Introducción:

Este es sin duda uno de los pasajes más conocidos de la Biblia, y a la vez uno de los menos practicados "**Orad sin cesar.** La oración es una disciplina esencial para la predicación, ya que nos pone en contacto con Dios y nos ayuda a ponernos en contacto con nuestra audiencia. La oración nos introduce al santuario donde escuchamos la voz del Señor.

LA IMPORTANCIA DEL CONTACTO CON DIOS

A. Las personas pueden sentir el Espíritu aunque puedan no saber qué es lo que sienten *Luc.24.32 Y se decían el uno al otro: ¿No ardía nuestro corazón en nosotros, mientras nos hablaba en el camino, y cuando nos abría las Escrituras?*

   1. Nuestro estudio podrá ser impecable, nuestra declamación atractiva, Pero sin la oración, estaremos secos, vacíos y huecos a falta de la unción. No es la bonita charla la que cambiará la vida de las personas sino la unción del Espíritu Santo.

B. En e Hechos 4:13, nos dice que cuando el Sanedrín escuchó la palabra de Pedro y Juan con que predicaban y la valentía con que lo hacían, percibieron que eran hombres que habían estado con Jesús. Ellos poseían una unción y autoridad tal que aun sus enemigos lo sentían.

C. Así es también con nosotros. Si hemos estado con Jesús, las personas lo sabrán, sino, ninguna habilidad llenará ese vacío.

   1. En otro tiempo no había homilética, hermenéutica, apologética, seminarios de teología; no leían muchos libros, como dice el canto, pero había poder de Dios.
   2. No tenían buenos templos, pero había poder,
   3. No tenían oro y plata, pero tenían poder de Dios.

4. No tenían en sus paredes títulos de teología o doctorados, pero tenían poder de Dios.
5. No tenían ropas elegantes y sacos de tuxedo, pero tenían poder de Dios.
6. Juan bautista vestía de ropa de camello, pero salía todo Judea y samaria para ser bautizados por él. ***Dios No Hace Nada Sino En Respuesta A La Oración".***

D. Está comprobado que un líder de oración alcanza sus metas más rápidamente que uno que no ora.
1. David Cho, dijo las siguientes palabras: ***"No hay lugar cerrado al evangelio que Dios no pueda abrir cuando se ora."***
2. Una iglesia de líderes fervientes en oración estará conquistando a toda su ciudad y sus alrededores. Si fuéramos a Corea comprobaríamos lo que estamos hablando. 25,000 grupos y 750,000 miembros activos. No hay mucha tecnología dijo pero si hay mucha oración.
3. Pero, no solamente los coreanos son capaces de lograr eso por medio de la oración. Usted como líder puede tener resultados poderosos, si se dedica a orar por la célula todos los días.
   - Ore constantemente por los miembros de su célula, ore por los que no conocen al Señor.
   - No deje de orar por ellos hasta que se conviertan a Jesús.
   - Ore por las metas del grupo, pues, estas no serán cumplidas si no van abonadas con la oración.

- También motive a los miembros de su célula a orar constantemente. Dedique un tiempo específico a la oración de su célula todos los días.

4. Líder que ora, jamás deja de crecer. Salga de su casa y tome una cuadra o dos y vaya tomando una lista de peticiones para orar y miraremos el resultado.

LOS EFECTOS DE LA ORACIÓN

A. La oración nos abre paso en los lugares mas desiertos y áridos donde, por otros medios nunca podríamos haber podido llegar. Es como la tarjeta de presentación que hace que Dios bendiga las células. Si usted no ora por su célula, demuestra que no está interesado por ella. DIOS no le bendecirá sino le ve interesado por ella.

B. No solamente ore por la célula sino por sus anfitriones y colaboradores. Es la oración el arma fundamental de todo líder de célula.
- Josué oró y el sol se detuvo.
- Ana oró y Dios le permitió concebir a Samuel.
- Elías oró y descendió fuego del cielo,
- La iglesia oro y Pedro fue librado de la cárcel,
- Moisés oro y el mar se dividió en dos.
- La oración te da una nueva visión,
- La oración te anima,

- La oración te fortalece,
- La oración te inspira,
- La oración te hace mirar las cosas como Dios las ve.
- Es la oración un arma poderosa para conquistar las almas. Después de cada oración no te levantarás igual.

C. El líder debe buscar la oración como un recurso para escuchar la voz de Dios. Si usted escucha a Dios, no se equivocará jamás.

D. Le preguntaron a un pastor cuál era la responsabilidad más grande que él sentía. Él respondió: *"La responsabilidad más grande que siento es la de escuchar la voz de Dios, si tan solo estoy seguro que Dios me pide algo sin ninguna duda lo hago."*

E. Toda iglesia celular que prospera, es a la vez una iglesia de oración. No se puede desligar una cosa de la otra.

LA VIDA DE JESÚS Y LA ORACIÓN

1. Lucas 3:21-22 — *Aconteció que cuando todo el pueblo se bautizaba, también Jesús fue bautizado y, **mientras oraba**, el cielo se abrió y descendió el Espíritu Santo sobre él en forma corporal, como paloma;*

2. Lucas 5:16 — *Pero él **se apartaba a lugares desiertos para orar.**"*

3. Marcos 1:35 — *Levantándose muy de mañana, siendo aún muy oscuro, salió y **se fue a un lugar desierto, y allí oraba.***

4. Lucas 6:12 En aquellos días *él fué al monte a orar*, y *pasó la noche orando* a Dios."

5. Lucas 9:18 — *Aconteció que mientras **Jesús oraba aparte**, estaban con él los discípulos; y les preguntó, diciendo: ¿Quién dice la gente que soy yo?*

6. Lucas 9:28 — *Como ocho días después de estas palabras, **Jesús tomó a Pedro, a Juan y a Jacobo, y subió al monte a orar.***"

7. Marcos 6:46 — *Y después que los despidió, **se fue al monte a orar.***"

8. Lucas 11:1 — *Aconteció que estaba Jesús **orando en un lugar**, y cuando terminó, uno de sus discípulos le dijo: Señor, **enséñanos a orar**, como también Juan enseñó a sus discípulos.*

9. Lucas 18:1,10 — *También les refirió Jesús una parábola sobre la **necesidad de orar siempre y no desmayar.***"

10. Lucas 22:31,32 — "*Dijo también el Señor: Simón, Simón, Satanás os ha pedido para zarandearos como a trigo; **pero yo he rogado por ti**, para que tu fe no falte; y tú, una vez vuelto, confirma a tus hermanos.*

11. Lucas 22:39-46 — *Salió y se fue, como solía, al Monte de los Olivos; y sus discípulos lo siguieron. Cuando llegó <u>a aquel lugar</u>, les dijo: **Orad para que no entréis en tentación**.*

12. *Luc.22: 41 Y él se apartó de ellos a distancia como de un tiro de piedra; y puesto de rodillas oró..43 Y se le apareció un ángel del cielo para fortalecerle. 44 Y estando en agonía, oraba más intensamente; y era su sudor como grandes gotas de sangre que caían hasta la tierra.*

Conclusión:

Si deseas como líder tener bendición, en tu célula, en tu vida espiritual, en tu trabajo, en tu familia no dejes de orar hasta que hayan frutos. Muchos se detienen al no ver resultados, pero, si lo quieres lograr no te desanimes, las bendiciones vendrán en el tiempo de Dios. *Sal.37:4 Deléitate asimismo en Jehová, Y él te concederá las peticiones de tu corazón.*

34 Temas Que Producirán Un
Liderazgo De Éxito

Tema No. 7

El Liderazgo Celular
Y La Fe
Hebre.11:32-33
Parte Uno

Introducción:

¿Qué es la Fe? La Fe, es la confianza en Dios, es el creer, ¡pero! creer sin ver, sin dudar, porque un hombre que duda no espere nada del Señor Sant.1:7. ¿Cómo Dios puede obrar en nosotros sin Fe? La fe es el resultado de la enseñanza bíblica (Romanos 10:14-17). El mismo Jesús le dijo a Tomas: *Porque me has visto, Tomás, creíste; bienaventurados los que no vieron, y creyeron.* **Juan.20:29.**

DONDE HAY INCREDULIDAD, DIOS NO PUEDE HACER MILAGROS.

- *Y no hizo allí muchos milagros, a causa de la incredulidad de ellos. Mat.13:58;*

- *Y ¿con quién estuvo él disgustado cuarenta años? ¿No fue con los que pecaron, cuyos cuerpos cayeron en el desierto? Y ¿a quién juró que no entrarían en su reposo, sino a aquellos que desobedecieron? Y vemos que no pudieron entrar a causa de incredulidad. Hebre.3:17-19*

- *Hermanos ¿qué provecho saca uno cuando dice que tiene fe, pero no lo demuestra con su manera de actuar? ¿Será que esa fe nos salvará? Sant.2:14*

A. Moisés, creía sin ver. Cuando Dios se presentó en la zarza de fuego, Moisés no vió figura alguna, sino solamente escuchó la voz que hablaba, y allí podemos ver en Moisés la fe y confianza en Dios.

NK. Moisés sabía que aunque pasara por mil dificultades, Dios no lo dejaría solo.

2. La fe ha hecho que sucedan cosas extraordinarias en el mundo. Aquellos que la tienen son usados por el Señor lea el capítulo 11 de Hebreos.

UN LÍDER DE FE, LOGRA LO QUE DESEA EN SU REUNIÓN

A. El papel de la fe en el trabajo celular es algo que no se puede olvidar. El líder que no tiene fe lleva a la muerte a su célula. Un líder de fe logra lo que desea en su reunión. Esfuércese por iniciar con una buena actitud desde el momento que inicias tu célula.

B. Cada día que pase, confié que el Señor hará la obra en su grupo de amistad, transmítalo a sus miembros y no deje de tener fe.
- ❖ Elías creyó y el fuego descendió del cielo
- ❖ Eliseo creyó y el Jordán se dividió en dos
- ❖ Pedro y Juan creyeron y el cojo se levanto
- ❖ Josué creyó y la tierra se paró en su órbita.
- ❖ Nehemías creyó y la ciudad de Jerusalén fue reconstruida.
- ❖ Josué creyó y cayeron los muros de Jericó
- ❖ Moisés creyó y el mar se abrió.
- ❖ David creyó y mató al gigante. Si ellos lo lograron por la fe, nosotros también podemos. *Jesús dijo: Si puedes creer, al que cree todo le es posible. Marc.9:23*

ORE POR SUS METAS Y TRANSMÍTALO A SUS MIEMBROS

A. En varias ocasiones lo he mencionado. Y es que la oración debe ser constante y especifica por las metas celulares. Transmita la necesidad de oración con fervor, ore con pasión.

B. Póngase de acuerdo con los miembros de la célula para orar. Cuando uno ora por las metas, las está poniendo en las manos de Dios para que Él haga su voluntad. Mat.18:19

NO PERMITA QUE LOS NEGATIVOS CONTAMINEN A SUS MIEMBROS

A. *Nehem.4:7 Pero aconteció que oyendo Sanbalat y Tobías, y los árabes, los amonitas y los de Asdod, que los muros de Jerusalén eran reparados, porque ya los portillos comenzaban a ser cerrados, se encolerizaron mucho; 8 y conspiraron todos a una para venir a atacar a Jerusalén y hacerle daño. 9 Entonces oramos a nuestro Dios, y por causa de ellos pusimos guarda contra ellos de día y de noche. 14 Después miré, y me levanté y dije a los nobles y a los oficiales, y al resto del pueblo: No temáis delante de ellos; acordaos del Señor, grande y temible, y pelead por vuestros hermanos, por vuestros hijos y por vuestras hijas, por vuestras mujeres y por vuestras casas.*

1) Aunque los demás se desanimaron Nehemías no, aunque los demás se atemorizaron Nehemías no.
2) El líder es puesto no para acobardarse juntamente con el pueblo sino para restaurar, animar, motivar, y levantar el ánimo del pueblo.

B. La falta de fe es una enfermedad que ataca al sistema celular. No permita que la falta de fe gane terreno. El diablo quiere robar tu fe.
  1. Haga que sus miembros crean a pesar de las circunstancias.
  2. Ore para que sus líderes no se dejen contaminar por los negativos.

C. Los divisionistas, los negativos, los incrédulos y todos los que no van acorde al sentimiento de Dios, son personas peligrosas. No le abra la puerta a los negativos ni se junte con nadie que le mate sus sueños.
  1. Los líderes deben ser personas que compartan la visión de sus superiores y deben hacer que las personas crean que todo se puede lograr a través de la fe.

FE EN DIOS ES PENSAR EN GRANDE: Isa.54:1-3

A. Que su fe no sea minúscula. Crea en cosas grandes para su célula.

B. Muchos de nosotros hemos conocido a líderes celulares que le han creído a Dios y han conquistado localidades, multiplicando decenas de células.

   1. Cuando un grupo celular llega a practicar la fe, suceden cosas extraordinarias.

C. Fe en Dios es pensar en lo imposible. La fe va mas allá de lo presente; la fe ve lo imposible como posible; nada hay imposible para Dios; fe es saber que Dios tiene el control de todo: Así que, lo que debemos hacer es creerle a Dios que Él hará.

D. Abraham le creyó a Dios, le fue contado por justicia y hoy es el padre de la fe. Al igual usted como pastor, supervisor, líder o miembro de célula, debe saber que lo más importante de la fe es creerle a Dios.

   1. Creer en sus promesas, creer en su poder, creer que Él es Dios de cielos y tierra. **Isa.54:17** *Ninguna arma forjada contra ti prosperará, y condenarás toda lengua que se levante contra ti en juicio. Esta es la herencia de <u>los siervos de Jehová</u>, y su salvación de mí vendrá, dijo Jehová.*

ANTES DE ENVIARLOS, JESUS LOS ARMÓ DE VALOR Y DE PODER

Luc.10: 19 He aquí os doy potestad de hollar serpientes y escorpiones, y sobre toda fuerza del enemigo, y nada os dañará.

Mar.16:17 Y estas señales seguirán <u>a los que creen</u>: En mi nombre echarán fuera demonios; hablarán nuevas lenguas; 18 tomarán en las manos serpientes, y si bebieren cosa mortífera, no les hará daño; sobre los enfermos pondrán sus manos, y sanarán.

Mat.10:7 Y yendo, predicad, diciendo: El reino de los cielos se ha acercado.
8 Sanad enfermos, limpiad leprosos, resucitad muertos, echad fuera demonios; de gracia recibisteis, dad de gracia.

- Busque a los oprimidos y libérelos,
- Busque a los endemoniados y hágalos libres,
- Busque a los confundidos y muéstreles el camino.
- Ore por los enfermos, los cojos, paralíticos, encadenados por el diablo, los presos, los ciegos, los decepcionados y hágalos libres.

Conclusión:

Debemos de tener fe en cada una de estas promesas y no esperar un mes para practicar lo que hoy hemos recibido, créalo hoy mismo.

Hable fe,
Inyecte fe,
Camine en fe,
Ore por fe,
Profetice por fe,
Motive su multiplicación por fe
Sane a los enfermos por fe.
El proyecto de Dios en las casas es un proyecto que camina a través de la fe.

Tema No. 8

El Poder De La Fe

Gálatas 5:22-23
Parte Dos

Introducción:

Hay una palabra que está formada por 2 letras la letra F y la letra E y unidas dicen (Fe) La diferencia en esta palabra es que cuando la accionas, produce un efecto poderosísimo, proviniendo desde lo alto y hace que cambie todo tu mundo en bendición. Este es otro de los componentes del fruto del Espíritu, es la "fe." Ahora es muy importante distinguir la fe producida como parte del fruto del Espíritu y la fe natural.

La fe natural es la mas común en medio del ámbito religioso. Es la que se profesa verbalmente y se cree mentalmente pero que no produce frutos, no hay cambios, no hay confianza al aparecer los problemas como dice el apóstol Santiago es una fe "muerta." Sant.2:20. Fe que carece de confianza en el Señor y su Palabra, es considerada en las Escrituras como una fe muerta. *Sant.2:17*

 ¿COMO SE LOGRA UNA FE MADURA?

A. ¿Cómo se adquiere fe? *Así que la fe es por el oír, y el oír, por la palabra de Dios. Rom...10:17* La lectura de la palabra de Dios nos amplifica la fe.
1. Una fe madura, que produce frutos de justicia.
2. Una fe que produce fidelidad,
3. Una fe que produce confianza,
4. Una fe que no se rinde,
5. Una fe que no se desanima,
6. Una fe que no retrocede,
7. Una fe que no duda,
8. Una fe que conquista reinos,
9. Una fe que alcanza las promesas de Dios,
10. Una fe que tapa boca de leones,
11. Una fe que saca fuerza de la debilidad,
12. Una fe que pone en fuga a los ejércitos enemigos. Hebreos capítulo 11.

B. Luc.5:1 Me emociona porque la gente tenía fe en lo que (Oían). Dice la palabra que se agolpaba la gente porque querían escuchar la palabra de Jesús. Lo que Él hablaba producía gozo en sus corazones y una paz que el mundo no puede dar solo el señor Jesucristo.

C. Veamos ejemplos en lo que muchas veces ponemos nuestra fe en:
   1. Un buen carro, y el carro falla.
   2. Otros en la novia, y la novia falla.
   3. Otros en el amigo y el amigo falla.
   4. En el piloto de un avión y no lo conocemos

D. La iglesia de esta generación está llena de cristianos con una fe que no ha pasado de lo intelectual, una fe verbal, una fe débil, una fe infructífera, una fe anémica. Cuando fue bautizado con el Espíritu Santo, en este paquete divino venia incluido esta fe.

E. Es nuestro deber ejercitar este don divino con oración, consagración y la palabra. La fe es como una semilla que se ha de cultivar por medio de la palabra efectuando obras pequeñas por fe.

LA FE NO CUESTIONA

A. HEBREOS. 11:1 *Es, pues, la fe la certeza de lo que se espera, la convicción de lo que no se ve.*
   1. Qué estás haciendo Noé? Fe que construye,
   2. Qué estás haciendo Moisés? Fe que se sostiene,
   3. Qué estás haciendo Abran? Fe que obedece,
   4. Qué estás haciendo Josué? Fe que conquista,
   5. Qué estás haciendo Pablo? Fe vencedora….
   Hebreos.10:39 *Pero nosotros no somos de los que retroceden para perdición, sino de los que tienen fe para preservación del alma.*

B. El Espíritu Santo en nosotros debe de producir una fe que es indestructible. Alguien dijo: "Yo creo en el sol aún cuando no brilla; es por eso que creo en Dios, aún cuando no lo veo."

C. Fe es creer en lo que Dios ha dicho, es confiar en lo que Dios dice y es aceptar lo que Dios ha prometido. Mediante el ejercicio de la fe se agrada a Dios (Hebreos 11:6).

LA FE PROBARÁ

A. A veces oramos y al presente nada sucede, ayunamos y nada sucede. A mi me ha tocado algunas veces cantar sin sentir, orar y orar aunque no sienta nada, ofrendar y diezmar sin sentirlo.

B. Usted no sabe si su fe es genuina hasta que atraviesa por las pruebas. El ejemplo del patriarca Job, Aún los profetas mas poderosos pasaron por momentos de sequia.

1. La fe viva, canta en la prisión como Pablo y Silas, Hech.16:24-26

2. Como Josafat y los sacerdotes 2 Cron.20:21-22

3. Como David en su persecución Sal.34:1

Conclusión:

La fe de Daniel se mantuvo en silencio en el foso de furiosos leones. La fe de Sadrac, Mesac y Abednego se mantuvo firme en un gran horno de fuego. La fe de Moisés se sostuvo firme no temiendo la ira del Faraón porque se sostuvo mirando al invisible. La fe de Abran lo llevó a salir de su tierra hacia una tierra desconocida. La fe de Josué lo llevó a conquistar a los gigantes y las ciudades amuralladas en Canaán.

34 Temas Que Producirán Un Liderazgo De Éxito

Tema No. 9

Los Propósitos
Del Ayuno

Introducción:

¿Qué es el ayuno? Es "tener un firme control de sí mismo," Es la abstención de todos o algunos tipos de alimentos o bebidas, con el propósito de buscar a Dios y su voluntad de todo corazón. El ayuno es una entrega voluntaria de control, donde se renuncia a los apetitos de la carne para obtener un aumento de hambre espiritual de Dios y su Palabra.

LA PRÁCTICA DEL AYUNO EN LA BIBLIA

1. MOISÉS ayunó cuarenta dias (Deut.9:9).

2. DAVID humilló su alma a través del ayuno (II de Samuel 12:16; Salmos 35:13; 69:10; 109:24).

3. ESDRAS ayunó para protección y guía en su regreso de Persia a Israel (Esdras 8:21-23).

4. NEHEMÍAS lloró y ayunó por el muro de Jerusalén que estaba derribado (Nehemías 1:4).

5. ISRAEL en muchas ocasiones ayunó nacionalmente (Nehemías 9:1-3).

6. En NÍNIVE, el Rey, ciudadanos y los animales, ayunaron sin comida ni agua para alcanzar misericordia de Dios (Jonás 3:1-10).

7. DANIEL ayunó durante veintiún dias mientras confesaba a Dios su pecado y el pecado de su pueblo. (Daniel 9:24-27).

8. ANA servía a Dios con ayunos y oraciones dia y noche (S. Lucas 2:36-37).

9. JESÚS ayunó cuarenta dias (Mateo 4:1-11). Note que Él venció a Satanás con el poder de la Palabra y el ayuno.

10. PABLO Ayunó tres dias, el dia de su conversión (Hechos 9:9). Pablo ayunaba frecuentemente (Corintios 11:27).

EL AYUNO Y SUS PROPÓSITOS

A. Cada creyente en Cristo, se espera que ayune y ore. Un jugador de fútbol juega al fútbol. Un jugador de béisbol practica el béisbol. Un cristiano ora y ayuna. El ayuno no debe ser un concepto extraño, sino una práctica común para el creyente.

   1. Todo gran hombre de Dios en la historia desarrolló a través de los años, un estilo de vida de oración y ayuno.
   2. En el ayuno es importante disponer de "un tiempo" de oración y adoración dos o tres veces al día para fortalecer el espíritu y todo el ser. Nuestro propósito en el ayuno es preparar nuestro espíritu y nuestro organismo.

B. El ayuno y sus propósitos
   1. Limpieza de todo nuestro ser, organismo, pensamientos, hábitos y costumbres o estilo de vida.
   2. Por limpieza de iniquidades, por pecados y maldiciones transmitidas generacionalmente.
   3. Porque el gobierno de Dios se establezca primero en mi vida, en mi casa y mi familia.
   4. Por la salvación y liberación de nuestras familias.
   5. Por hábitos que estorban la comunión con Dios, como la televisión, el internet, facebook, los juegos de video, las malas amistades, la música secular, las películas de

renta, la obsesión por el oficio de la casa, solo trabajar y trabajar, las bebidas alcohólicas, el cigarrillo, y todo lo que no sea de buen nombre, ni digno de pensarse...

6. Ayunamos porque queremos ver un milagro en nuestra vida, renunciando a todo mal hábito y adicción <u>porque Dios quiere llenar vasos limpios</u>.

7. Este tiempo de ayuno, fortalecerán el carácter de cada uno de nosotros.

SEIS BENDICIONES DEL AYUNO

1. **Liberación del juicio divino:** *1 Reyes 21: 25-29. Por lo tanto, el Señor ha dicho: Voy a traer sobre ti la desgracia, y voy a acabar con toda tu descendencia; destruiré a todos los varones descendientes tuyos que haya en Israel .²³ En cuanto a Jezabel, el Señor ha dicho: Los perros se comerán a Jezabel en los campos de Jezreel. ²⁴ Y al familiar tuyo que muera en la ciudad, se lo comerán los perros; y al que muera en el campo, se lo comerán las aves de rapiña.²⁵ (No hubo nadie como Acab, que, incitado por su esposa Jezabel, sólo cometió malas acciones a los ojos del Señor. ²⁶ Cometió una infamia al rendir culto a los ídolos, como lo hacían todos los amorreos, a quienes el Señor había arrojado de la presencia de los israelitas.)²⁷ Cuando Acab escuchó todo esto, se rasgó la ropa, se puso ropas ásperas y ayunó. Dormía con esas ropas, y andaba muy triste. ²⁸ Entonces el Señor dijo a Elías: ²⁹ «¿Has*

visto cómo Acab se ha humillado ante mí? Pues por haberse humillado ante mí, no traeré el mal sobre su familia mientras él viva, sino en vida de su hijo.»

Jonás 3:6 Y llegó la noticia hasta el rey de Nínive, y se levantó de su silla, se despojó de su vestido, y se cubrió de cilicio y se sentó sobre ceniza. 7 E hizo proclamar y anunciar en Nínive, por mandato del rey y de sus grandes, diciendo: Hombres y animales, bueyes y ovejas, no gusten cosa alguna; no se les dé alimento, ni beban agua; 8 sino cúbranse de cilicio hombres y animales, y <u>clamen a Dios fuertemente</u>; y conviértase cada uno de su mal camino, de la rapiña que hay en sus manos. 9 Quién sabe si se volverá y se arrepentirá Dios, y se apartará del ardor de su ira, y no pereceremos? 10 <u>Y vio Dios lo que hicieron</u>, que se convirtieron de su mal camino; y se arrepintió del mal que había dicho que les haría, y no lo hizo.

2. **Para recibir protección en el camino:**

Esdras 8: 21-23 Y publiqué ayuno allí junto al río Ahava, para afligirnos delante de nuestro Dios, para solicitar de él <u>camino derecho para nosotros</u>, y para nuestros niños, y para todos nuestros bienes. 22 Porque tuve vergüenza de pedir al rey tropa y gente de a caballo que nos defendiesen del enemigo en el camino; porque habíamos hablado al rey, diciendo: La mano de nuestro Dios es para bien sobre todos los que le buscan; mas su poder y su furor contra todos los que le abandonan. 23 Ayunamos, pues, y pedimos a nuestro Dios sobre esto, y él nos fue propicio.

[31] El día doce del mes primero nos marchamos del río Ahavá para dirigirnos a Jerusalén. Nuestro Dios nos ayudó, librándonos de enemigos y de bandidos en el camino.

3. **Para confesar el pecado y buscar iluminación espiritual:**

Daniel 9: 3-5 Y volví mi rostro a Dios el Señor, buscándole en oración y ruego, en ayuno, cilicio y ceniza. 4 Y oré a Jehová mi Dios e hice confesión diciendo: Ahora, Señor, Dios grande, digno de ser temido, que guardas el pacto y la misericordia con los que te aman y guardan tus mandamientos; 5 hemos pecado, hemos cometido iniquidad, hemos hecho impíamente, y hemos sido rebeldes, y nos hemos apartado de tus mandamientos y de tus ordenanzas . **20-23** Aún estaba hablando y orando, y confesando mi pecado y el pecado de mi pueblo Israel, y derramaba mi ruego delante de Jehová mi Dios por el monte santo de mi Dios; 21 aún estaba hablando en oración, cuando el varón Gabriel, a quien había visto en la visión al principio, volando con presteza, vino a mí como a la hora del sacrificio de la tarde. 22 Y me hizo entender, y habló conmigo, diciendo: Daniel, ahora <u>he salido para darte sabiduría y entendimiento</u>. 23 Al principio de tus ruegos fue dada la orden, y yo he venido para enseñártela, porque tú eres muy amado. Entiende, pues, la orden, y entiende la visión.

***Daniel 10:** 11 Y me dijo: Daniel, varón muy amado, está atento a las palabras que te hablaré, y ponte en pie; porque a ti he sido enviado ahora. Mientras hablaba esto conmigo, me puse en pie temblando. 12 Entonces me dijo: Daniel, no temas; porque desde el primer día que dispusiste tu corazón a entender y a humillarte en la presencia de tu Dios, fueron oídas tus palabras; y a causa de tus palabras yo he venido. 13 Mas el príncipe del reino de Persia se me opuso durante veintiún días; pero he aquí Miguel, uno de los principales príncipes, vino para ayudarme, y quedé allí con los reyes de Persia.*

4. **Para respuestas de grandes problemas:**

***Ester 4: 15-17** Y Ester dijo que respondiesen a Mardoqueo: 16 Vé y reúne a todos los judíos que se hallan en Susa, y ayunad por mí, y no comáis ni bebáis en tres días, noche y día; yo también con mis doncellas ayunaré igualmente, y entonces entraré a ver al rey, aunque no sea conforme a la ley; y si perezco, que perezca. 17 Entonces Mardoqueo fue, e hizo conforme a todo lo que le mandó Ester.   Ester 5:1 Aconteció que al tercer día se vistió Ester su vestido real, y entró en el patio interior de la casa del rey, enfrente del aposento del rey; y estaba el rey sentado en su trono en el aposento real, enfrente de la puerta del aposento. 2 Y cuando vio a la reina Ester que estaba en el patio, ella obtuvo gracia ante sus ojos; y el rey extendió a Ester el cetro de oro que tenía en la mano.*

Entonces vino Ester y tocó la punta del cetro. 3 Dijo el rey: ¿Qué tienes, reina Ester, y cuál es tu petición? Hasta la mitad del reino se te dará.

Hechos 27:33-35 Cuando comenzó a amanecer, Pablo exhortaba a todos que comiesen, diciendo: Este es el decimocuarto día que veláis y permanecéis en ayunas, sin comer nada. 34 Por tanto, os ruego que comáis por vuestra salud; pues ni aun un cabello de la cabeza de ninguno de vosotros perecerá. 35 Y habiendo dicho esto, tomó el pan y dio gracias a Dios en presencia de todos, y partiéndolo, comenzó a comer.

2Cron.20:1-3 Pasadas estas cosas, aconteció que los hijos de Moab y de Amón, y con ellos otros de los amonitas, vinieron contra Josafat a la guerra 2 Y acudieron algunos y dieron aviso a Josafat, diciendo: Contra ti viene una gran multitud del otro lado del mar, y de Siria; y he aquí están en Hazezon-tamar, que es En-gadi. 3 Entonces él tuvo temor; y Josafat humilló su rostro para consultar a Jehová, e hizo pregonar ayuno a todo Judá.3 Entonces él tuvo temor; y Josafat humilló su rostro para consultar a Jehová, e hizo pregonar ayuno a todo Judá. 4 Y se reunieron los de Judá para pedir socorro a Jehová

15 y dijo: Oíd, Judá todo, y vosotros moradores de Jerusalén, y tú, rey Josafat. Jehová os dice así: No temáis ni os amedrentéis delante de esta multitud tan grande, porque no es vuestra la guerra, sino de Dios .17 No habrá para qué peleéis vosotros en

este caso; paraos, estad quietos, y ved la salvación de Jehová con vosotros. Oh Judá y Jerusalén, no temáis ni desmayéis; salid mañana contra ellos, porque Jehová estará con vosotros . 22 Y cuando comenzaron a entonar cantos de alabanza, Jehová puso contra los hijos de Amón, de Moab y del monte de Seir, las emboscadas de ellos mismos que venían contra Judá, y se mataron los unos a los otros.

5. Por bendiciones materiales

Joel 2:12-16, 19-26. *Por eso pues, ahora, dice Jehová, convertíos a mí con todo vuestro corazón, con ayuno y lloro y lamento .. 15 Tocad trompeta en Sion, proclamad ayuno, convocad asamblea. 16 Reunid al pueblo, santificad la reunión, juntad a los ancianos, congregad a los niños y a los que maman, salga de su cámara el novio, y de su tálamo la novia.*

19 Responderá Jehová, y dirá a su pueblo: He aquí yo os envío pan, mosto y aceite, y seréis saciados de ellos; y nunca más os pondré en oprobio entre las naciones. 21 Tierra, no temas; alégrate y gózate, porque Jehová hará grandes cosas. 22 Animales del campo, no temáis; porque los pastos del desierto reverdecerán, porque los árboles llevarán su fruto, la higuera y la vid darán sus frutos. 24 Las eras se llenarán de trigo, y los lagares rebosarán de vino y aceite. 25 Y os restituiré los años que comió la oruga, el saltón, el revoltón y la langosta, mi gran ejército que envié contra vosotros. 26 Comeréis hasta saciaros, y alabaréis el nombre de Jehová vuestro Dios, el cual hizo maravillas con vosotros; y nunca jamás será mi pueblo avergonzado.

6. **Por bendiciones espirituales:**
Joel 2:28-29 Y después de esto derramaré mi Espíritu sobre toda carne, y profetizarán vuestros hijos y vuestras hijas; vuestros ancianos soñarán sueños, y vuestros jóvenes verán visiones. 29 Y también sobre los siervos y sobre las siervas derramaré mi Espíritu en aquellos días.

Conclusión:

Cuales serán los resultados del ayuno: Cuando participamos en el ayuno podemos esperar resultados y recompensas de Dios. El ayuno y la oración pueden restaurar la pérdida de nuestro primer amor, y dar lugar a una relación mas cercana con Cristo. El ayuno puede transformar nuestra vida de oración en una experiencia personal mas rica.

Cuando nos consagramos a Dios mediante la oración y el ayuno, estamos alineando nuestras vidas con el ser supremo del universo. Dios es galardonador de los que le buscan (Hebreos 11:6)!

34 Temas Que Producirán Un Liderazgo De Éxito

Tema No. 10

Cómo Enseñar
Fructíferamente
2Tim.2:15; Ecle.12:8-10

Introducción:

Ventajas de utilizar guías de estudio o notas escritas. El bosquejo es de gran ayuda cuando el predicador expone su sermón, por la falta de bosquejos muchos disparates se han dicho; por eso hay que pensar antes de hablar y hablar después de haber pensado. A continuación se enumeran una serie de ventajas que pueden despertar el interés de utilizar bosquejo para nuestros mensaje y sin duda el éxito no se hará esperar, ya que esto requiere de mucha disciplina, tiempo y análisis.

VENTAJAS DE USAR NOTAS

- Las notas escritas nos ayuda a mantener un proyecto definido
- Ayuda al predicador a comunicar el sermón en secuencia y orden.
- Ofrece al predicador seguridad y confianza.
- Ayuda a recordar las ideas principales que de otra manera pudiere olvidar.
- Se puede mantener el tema en la línea.
- Será una ayuda al predicador en caso que se presente una interrupción.
- Ayuda a predicar un sermón completo.
- La gente puede seguir los pensamientos con mas facilidad.
- Se puede guardar el bosquejo completo y utilizarlo en otra ocasión.

ESTILOS CORRECTOS DE COMUNICACIÓN ORAL

- ❖ Enseñanza clara y con buen humor.
- ❖ Enseñe con brevedad y dinamismo.

❖ Busque la conexión con su audiencia.
❖ Enseñanza con sencillez en su expresión.
❖ Enseñe con confianza al hablar.

 PASOS EN LA PREPARACIÓN DE UN SERMÓN

A. Antes de preparar un sermón, es necesario prepararse así mismo, lo que uno es, es mas importante que lo que uno habla, la gente se olvida de lo que uno dice, pero no se olvidará de la manera en que uno vive. Todo líder debe pasar tiempo en la oración y debe tomar tiempo para el estudio personal de la Palabra de Dios. La preparación personal tiene tres aspectos:

1. **Preparación mental:** Esta preparación es de mucha importancia, ya que el líder debe sentirse orgulloso del ministerio que desempeña, esta preparación incluye la lectura de buenos libros, buenos seminarios, la lectura de sus bosquejos, y la lectura diaria de la biblia.

2. **Preparación Física:** El líder debe tener mucho cuidado para mantenerse su cuerpo sano; tomar baños diarios, ninguna excusa puede admitirse en la negligencia o el descuido del aseo de nuestros cuerpos, aliento, uñas, pelo, y no olvidando que la ropa y el calzado deben estar limpios. Usted es un embajador del cielo.

3. **Preparación espiritual:** La preparación espiritual es una de las más importantes. El estudio prepara la mente; el ayuno y la oración preparan el espiritu; hemos observado hombres casi iletrados, pero que son poderosos en las manos del Dios, mediante su preparación espiritual, la lectura de su Palabra, la oración y el ayuno.

EL DESCUIDO DE LOS ENSEÑADORES

A. La falta de organización en la enseñanza se debe precisamente al descuido de los enseñadores, de allí surge varias clases de comunicadores, que por la falta de usar bosquejos aburren a su grupo, entre los cuales podemos mencionar:

1. **El Comunicador perdido:** Éstos son aquellos que desde que anuncia el título o el tema del sermón hasta que termina han estado perdidos. Ellos mismos no saben que han predicado. Su predicación en vez de ser tres ó cuatro puntos bien trabajados, son veinte o más puntos sin relación.

2. **El Comunicador Alabanza:** En la predicación lo que hace es predicar estos tres puntos: Gloria a Dios, Amén y Aleluya. Por no a ver estudiado recurre a la alabanza para rellenar su sermón; la razón es que no se preparó para predicar.

3. **El Comunicador Experiencia:** El contenido de sus sermones con sus experiencias; debemos recordar que las experiencias son importantes, pero no haga su sermón solo de sus experiencias. Recuerde que Dios nos llamó a predicar su Palabra.

4. **El Comunicador Visionario:** Aunque cita un mensaje bíblico y le pone un título al sermón, predica no de lo que Dios está revelando en la Palabra, sino de lo que él ve en su grupo. Emplea el tiempo de la edificación en llevar mensajes aislados a diferentes personas.

CONSEJOS PARA EL ESTUDIO DE LA GUÍA

A. En ésta lección daremos algunos consejos para usar bien la guía de estudios.

1. La guía de estudios en la casa fue una idea del Pastor David Yonggi Cho quien al ver las dificultades que traía el que sus líderes predicaran lo que quisieran, fue movido a implementar en las células estudios que él mismo diseñaba. Esto evitaba las desviaciones doctrinales y los errores teológicos. Es una manera de capacitar a los líderes para la obra del ministerio y que puedan dar una enseñanza supervisada.

B. La mayoría de iglesias celulares tienen una guía de estudios que es escogida o elaborada por su pastor. Otras iglesias disponen de un equipo que prepara semanalmente las enseñanzas para las células. Recuerde que la enseñanza debe ser totalmente dinámica y participativa.

   1. **Familiarizarse con la idea central de la enseñanza**: Toda enseñanza lleva una idea central, que suele ser el tema sobre el cual girará la enseñanza. Por eso, hay que tener claro de qué se hablará para no salirse mas allá de lo que el tema lo permite. Éste será su punto de partida y su punto final. Pregúntese que es lo que este pasaje significa y cómo aplicarlo a mi vida, y a la de los demás. Estos son pensamientos que el líder debe tener en mente a la hora de estudiar la idea central. Además, tome en cuenta que los pasajes suelen tener varias aplicaciones y usted debe tener cuidado de tomar solo la aplicación adecuada para enriquecer su tema. El Espíritu Santo le ayudará.

   2. **Entienda las preguntas que desarrollará:** La guía de enseñanza permite la participación por medio de preguntas. Además, no es una predicación, pues, permite la participación de los asistentes y las preguntas de ellos. Cuando la guía presente preguntas que usted tiene que discutir con sus asistentes planee bien el tiempo que se tardará y las participaciones que permitirá. Usted bien puede permitir solo dos o tres participaciones por pregunta y en un tiempo específico.

Debe tener cuidado y control de los comentarios. Las células no desarrollan preguntas para entretener sino para enseñar y recordar.

3. **No tomar la guía como un todo ni como un nada**: Usted tiene que estudiar el pasaje bíblico y sacar sus propias aplicaciones, sus conclusiones, si no entiende algún pasaje, puede utilizar algún comentario o pedir la orientación de su pastor para aclarar alguna duda que tenga sobre el tema. No recite letra por letra la enseñanza sino que trate de marcar sus puntos mas sobresalientes. También no tome la enseñanza como un nada. Esto significa que no hay que menospreciar la guía e irse por donde usted quiera. ¿Para qué es la guía? La guía no es un discurso para aprender de memoria, sólo es una guía, un breve comentario que le ayudará a entender el tema y las bases bíblicas para desarrollarlo. Déjese guiar por el Espíritu Santo.

CONSEJOS PARA EL LIDER GUÍA

1. **Mantenga la humildad:** Si está en aprietos sea sincero. Puede ser que alguien haga una pregunta que usted no puede responder. En ese momento no quiera salir del problema respondiendo cualquier cosa. Mejor dígales que buscará la respuesta y después les contestará. Así ellos entenderán que usted toma el liderazgo en serio y que no está jugando sino que está interesado en dar información fiel y clara del tema.

2. **Escuche sin contradecir públicamente:** Cuando den una opinión escúchelos atentamente. Si ellos están equivocados evite decírselos en público. Evite hacer sentir mal a los asistentes. Procure hacer la pregunta a todos y generar un ambiente que los haga responder voluntariamente y sin esfuerzo.

3. **Haga la enseñanza agradable:**

    El ambiente agradable solo se logra con la creatividad de comunicador. Un ambiente agradable es un ambiente familiar donde nadie se siente acosado, incómodo o triste. La enseñanza debe darse con confianza, pues, no es una predicación sino un tema para animar a sus miembros. Muéstrese cerca de ellos, no sobre ellos.

4. **Diríjalos al tema cuando quieran desviarse:** Cuando esté aplicando la enseñanza en su célula enfóquese en el tema. No permita que se traten puntos que no tienen que ver con el momento. Esto le hará utilizar su tiempo de la mejor forma. Si el rio se desborda, encáuselo de nuevo. Si se desenfoca del tema o las personas lo desenfocan, el tema perderá su fuerza y su propósito y se malograra la cosecha.

Conclusión:

Finalmente, recuerde consultar cualquier duda con su pastor o supervisor asignado para aclarar los temas. Es mejor preguntar a tiempo que no ir bien preparado.

Recuerda las Cualidades de la comunicación
- Claridad.
- Brevedad.
- Conexión.
- Sencillez.
- Confianza.

Recuerda los pasos en la preparación del sermón
Preparación Personal
Preparación Mental
Preparación Física
Preparación Espiritual

34 Temas Que Producirán Un
Liderazgo De Éxito

Tema No. **11**

Como Recibir Autoridad
Delegada Por Dios
Rom.13:1-2

Introducción:

El propósito de este tema es enseñar a cada uno de nosotros a obedecer y entender como recibir la unción y la autoridad delegada por Dios. Dios ha establecido su autoridad en el Reino, y sobre todas las cosas. Desde un principio, Dios estableció que el hombre viviera bajo autoridad, y no para vivir independiente de Él, por lo tanto, Dios le delegó autoridad a Adán, pero esta estaba sujeta a obediencia. Lamentablemente, el decidió salirse de la autoridad, y de manera automática esa autoridad entregada le fue removida.

¿QUÉ ES LA INDEPENDENCIA?

A. **Es actuar fuera de la voluntad de Dios, lo cual es equivalente a la rebelión.** La independencia es la raíz de los peores pecados que comete el hombre. La independencia es gobernarse a sí mismo, vivir sin ley y autoridad de Dios, bajo ninguna forma de autoridad delegada. Cuantos jóvenes viven en rebeldía en sus hogares, una vez que se independizan de su autoridad tienen fracaso y fracasos drásticos.

B. **¿Cómo resolvió Dios este problema de la independencia?**
   1. El evangelio es la buena noticia para traer al hombre, otra vez, bajo el gobierno y la autoridad de Dios.
   2. Todos vivíamos en otro tiempo haciendo lo que queríamos por eso vivimos tantos fracasos. *Efe. 2:3 entre los cuales también todos nosotros vivimos en otro tiempo en los deseos de nuestra carne, haciendo la voluntad de la carne y de los pensamientos, y éramos por naturaleza hijos de ira, lo mismo que los demás.*

   3. En todo lo que Dios creo, siempre puso una cabeza o autoridad. Todo lo que Dios edifica lo hace con alguien asignado por El. Este es el orden divino.
      - Sacó a Israel de la esclavitud de Egipto por medio de Moisés.
      - construyó los muro de Jerusalén por medio de Nehemías.

- libertó a Israel de los madianitas por medio de Gedeón.
- introdujo a Israel a la tierra prometida por medio de Josué.

Si vamos a vivir bajo sumisión y autoridad, entonces, tenemos que entender ciertas definiciones.

 DIOS ES LA FUENTE PRINCIPAL DE TODA AUTORIDAD

A. **Qué es autoridad.** La autoridad es Dios mismo. Así como Dios es amor, también es autoridad, la única autoridad final y mas alta.

1. ¿Cómo gobierna Dios? Dios es el soberano que hace y dicta cuando quiere y como quiere. El es amo y Señor absoluto, y establece su autoridad suprema, por medio de su Palabra. *Sométase toda persona a las autoridades superiores; porque no hay autoridad sino de parte de Dios, y las que hay, por Dios han sido establecidas.* Romanos 13.1

2. Quien se opone o resiste la autoridad, resiste a Dios mismo. *De modo que quien se opone a la autoridad, a lo establecido por Dios resiste; y los que resisten, acarrean condenación para sí mismos.* Romanos 13.2

3. La raíz de todo pecado es la independencia, la cual es equivalente a rebelión y desobediencia. 1Sam.15:22-23

B. Muchas personas no aceptan estar bajo ninguna autoridad, porque creen que significa someterse a manipulación y control. No se dan cuenta de que es un asunto de orden Divino. Vivir en independencia o gobernarse a uno mismo, viviendo sin ley, equivale a un espíritu de rebelión.

1. Los años de mayor confusión y oscuridad de Israel fueron los que vivieron sin ley. *En estos días no había rey en Israel; cada uno hacia lo que bien le parecía. Jueces 21.25.*

C. **Un ejemplo de autoridad delegada.** *Volvieron los setenta con gozo, diciendo: Señor, aún los demonios se nos sujetan en tu nombre. Lucas 10.17.* Autoridad es el derecho legal para usar el poder, el permiso para hacer algo, con un poder de respaldo. Toda autoridad delegada está sujeta a obediencia y lealtad.

CUÁLES SON LAS CABEZAS A QUIENES DIOS HA ENCARGADO SU AUTORIDAD?

1. Autoridad gubernamental. *Sométase toda persona a las autoridades superiores; porque no hay autoridad sino de parte de Dios, y las que hay, por Dios han sido establecidas. Romanos 13.1*

2. **Autoridad paternal.** *Hijos, obedeced en el Señor a vuestros padres, porque esto es justo. Efesios 6.1*

3. **Autoridad pastoral.** *Obedeced a vuestros pastores, y sujetaos a ellos; porque ellos velan por vuestras almas, como quienes han de dar cuenta; para que lo hagan con alegría, y no quejándose, porque esto no os es provechoso." Hebreos 13.17*

4. **Autoridad laboral.** *Exhortad a los siervos a que se sujeten a sus amos, que agraden en todo, que no sean respondones no defraudando, sino mostrándose fieles en todo, para que en todo adorne la doctrina de Dios nuestro Salvador. Tito 2.9, 10 Cada siervo dará a Dios cuenta el día del juicio como ejerció esa autoridad.*

C. **En cada una de estas instituciones, Dios puso una cabeza**
- En el gobierno, es el presidente.
- En el hogar, el hombre es la cabeza.
- En la iglesia universal, es Cristo.
- En la iglesia local, es el pastor.
- En el trabajo, es su jefe

Toda persona que se revela a una de estas autoridades delegadas por Dios, se rebela contra Dios mismo y acarrea condenación. *Rom.13:2 De modo que quien se opone a la autoridad, a lo establecido por Dios resiste; y los que resisten, acarrean condenación para sí mismos.*

D. La autoridad y el poder delegados de Jesús
1. *Habiendo reunido a sus doce discípulos, les dió poder y autoridad <u>sobre todos los demonios</u>, y para <u>sanar enfermedades</u>. 2y los envió a predicar el reino de Dios, y a sanar a los enfermos. Lucas 9.1, 2* Jesús dió su autoridad a los discípulos, sobre los demonios, enfermedades y para predicar el evangelio.
2. A cada creyente, de acuerdo a la sumisión se le va dando autoridad para sanar a los enfermos, y echar fuera demonios con un poder que lo respalda.
3. Los discípulos operaban bajo una autoridad y unción prestadas. Jesús les delegó unción y autoridad a sus discípulos; para expandir el Reino.

E. Un Líder de una iglesia local que se mueve en una unción igual a la de su padre espiritual, vive bajo los beneficios de la unción de su padre espiritual. Pero si se independiza de su autoridad, pierde la unción y el poder.
1. El líder debe salir bajo la unción de su pastor para que tenga el éxito de su padre espiritual. Hay una gran diferencia entre el líder que se retira en rebelión y el que sale bajo la bendición de su pastor. Ejemplo: Lideres que salen o están sin cobertura, les suceden dos cosas o se estancan o, tarde o temprano fracasan.
2. Cada Líder, mentor y discípulo tiene que dar cuenta de su vida personal, familiar, financiera, doctrinal, laboral, etc, a su autoridad. No se olvida que solamente, el que está bajo autoridad, tiene autoridad.

QUIEN VIVE BAJO AUTORIDAD RECIBE AUTORIDAD

A. *Lucas 7:7-9 por lo que ni aún me tuve por digno de venir a ti; pero dí la palabra, y mi siervo será sano. 8 Porque también yo soy hombre puesto bajo autoridad, y tengo soldados bajo mis órdenes; y digo a éste: vé, y va; y al otro: ven, y viene; y a mi siervo: Haz esto, y lo hace. 9 Al oír esto, Jesús se maravilló de él, y volviéndose, dijo a la gente que le seguía: Os digo que ni aún en Israel he hallado tanta fe.* El centurión era un hombre bajo autoridad militar, y supo reconocer que Jesús era un hombre bajo la autoridad de Dios. Jesús se maravilló de este hombre, el cual no era religioso, pero conocía el principio de la autoridad. El centurión supo que Jesús era un hombre bajo autoridad por eso le pide confiadamente, sabiendo que Dios le respaldaba.

Si este mismo centurión se va del ejercito romano, pide la baja, porque está cansado de ser militar y de estar bajo autoridad, ahora quiere ser independiente. Todos los recursos que tenga, dados por Cesar, ya no estarán disponibles para él, ni soldados ni sirvientes ni carros, etcétera. Si ese ex-centurión, va de compras al supermercado, se encuentra a los soldados y sirvientes que antes le obedecían, y les ordena que le lleven las bolsas, ¿usted cree que le van a obedecer? claro que no, porque ahora ya no está bajo autoridad. Mientras el centurión estaba bajo autoridad, sus soldados y sirvientes tenían que obedecerle, pero al salirse de esa autoridad, inmediatamente perdió su autoridad.

Conclusión:

Las personas que no viven bajo autoridad no tiene ninguna autoridad y, por lo tanto, nadie les obedece. Así sucede a miles de líderes y creyentes en el mundo de hoy, ellos disfrutan de la llamada "libertad" y viven sin ley, independientes, no le dan cuenta a nadie, y por eso, cuando dan órdenes a sus hijos, predican, enseñan o intentan sanar a los enfermos, no sucede nada. *Hay muchos creyentes que no tienen autoridad, porque ellos mismos no están bajo autoridad. En el liderazgo el 80% es recibir órdenes y el 20% es dar órdenes.*

Tema No. 12

Compartiendo Las Buenas Nuevas En Nuestra Comunidad

Luc.5:1-3; Mat.22:9-10; Rom.10:13-15

Introducción:

Con el fin de impactar el Reino de Dios, tenemos que aprender a compartir el evangelio. Debemos practicar la evangelización continua en cada oportunidad. Usted probablemente ha escuchado la frase ¡A la gente no le interesa cuanto sabes, hasta que ellos sepan cuanto interés usted tiene por ellos!

Ahora mas que nunca es el momento para que la iglesia vaya por ellos. Hoy es cuando nuestros vecinos, amigos, familiares tienen mas necesidad, hay racismo, desempleo, hambre, violencia pero, sobre todo ellos viven con un vacio profundo. La iglesia debe pasar de ser "la iglesia pasiva" a "la iglesia agresiva" de una manera perseverante.

IDENTIFIQUE A LOS SUYOS

A. **Debemos tener cuidado de no aislarnos de los demás.** " *Al entrar Él en la barca, el que había estado endemoniado le rogaba que le dejase estar con Él. Mas Jesús no se lo permitió, sino que le dijo: <u>Vete a tu casa</u>, a los tuyos, y <u>cuéntales cuán grandes cosas</u> el Señor ha hecho contigo, y <u>cómo ha tenido misericordia de ti</u>. 20 Y se fue, y comenzó a publicar en Decápolis cuán grandes cosas había hecho Jesús con él; y todos se maravillaban...*" Marcos 5: 18-20

1. Vamos a hablar con nuestros amigos, familiares y vecinos, según tengamos la oportunidad y decirles lo que el Señor ha hecho con nosotros. No se espante, que no estoy hablando de predicar, solo es compartir las buenas nuevas. *Entonces la mujer dejó su cántaro, y fue a la ciudad, y dijo a los hombres: Venid, ved a un hombre que me ha dicho todo cuanto he hecho. ¿No será éste el Cristo?* Juan 4:28-29. " Todos nosotros podemos seguir el ejemplo de los personajes de quien estamos leyendo y seguir sus pasos".

B. **Una pregunta de reflexión:**
   - ¿Por qué existimos como iglesia?
   - ¿Quién vive alrededor de usted?
   - ¿Tiene algo que decirle a los demás?
   - ¿Cómo puede usted penetrar en su ambiente?

- ¿Cómo podemos superar estos obstáculos y llevar a cabo este gran mandamiento del evangelismo?

Luc.12:8 Os digo que todo aquel que me confesare delante de los hombres, también el Hijo del Hombre le confesará delante de los ángeles de Dios; 9 mas el que me negare delante de los hombres, será negado delante de los ángeles de Dios. Rom.1:16 Porque no me avergüenzo del evangelio, porque es poder de Dios para salvación a todo aquel que cree;

 BUSCANDO OPORTUNIDADES

A. En Lucas 5:1-11 Jesús estaba de pie junto al mar de Galilea. A su alrededor una multitud se había reunido escuchándolo proclamar la palabra de Dios. Más allá de la multitud, había en el mar de Galilea dos barcos que se detuvieron a la orilla. Un barco pertenecía a Pedro y el otro pertenecía a Santiago y Juan. Es interesante que estos pescadores no se encontraban entre la multitud, sino que ellos estaban lavando las redes (v. 2). Lo sorprendente de esta escena es que las personas llamadas a veces no están entre la multitud sino que parecen estar a la distancia.

1. Las multitudes se agolpaban y los que iban a ser sus discípulos estaban a la distancia, cuidando los negocios, lavando sus redes, por cierto, vacías.

2. Sin duda que ellos miraron con poco o sin ningún interés el gentío que se aglomeraba, pero sorpresivamente fueron interrumpidos por el Maestro.
3. Algunas de las familias de hoy se sienten perdidas. Hay un viento frio soplando en este mundo y usted sabe que es casi la media noche.
4. "Debemos entrar en su barco y relacionarnos con sus necesidades, su dolor". Debemos ver los ojos, los corazones y los rostros de las personas heridas.

B. ¿Cómo podemos incluir la Palabra de Dios en nuestras conversaciones? Deles esperanza, no los ataque. *Sea vuestra palabra siempre <u>con gracia</u>, sazonada con sal, para que sepáis cómo debéis responder a cada uno. Col.4:6, 1 Pedro 3:15, 16*

LA IGLESIA DEBE ESTAR PRESENTE EN EL MUNDO

A. Muchos de nosotros nos sentimos en el cielo caminando por las nubes y nos olvidamos de salvar a nuestro prójimo que está en la tierra. *La Biblia dice que debemos de llorar con los que lloran, sufrir con los que sufren, reír con los que ríen Rom.12:15*.

1. La iglesia debe estar presente en el mundo.
2. La iglesia debe dialogar con el mundo
3. La iglesia debe vivir con compasión

4. La iglesia debe vivir con fe.
5. La iglesia debe orar por ellos.

Cuando todo el mundo grita desesperado, la iglesia está en silencio. No habrá sanidad para los perdidos si no vamos a orar por ellos.

B. ¿Cómo es conocida tu casa en el barrio? Que tu vecindario no sea un reino privado sino tu campo de trabajar. Nuestros hogares no deben ser lugares de aislamiento, una cueva donde ningún vecino me conoce, el hogar del cristiano debe estar con las puertas abiertas a la necesidad, donde hay pan, consolación, un hombro donde secar las lágrimas de los que lloran.

UN EVANGELIO SIN CRUZ

A. Hoy en día muchos dicen estar dispuestos a servir, menos llevar la cruz, queremos un evangelio sin cruz, sin sufrimientos, queremos que nos acomoden almohadas a los lados.

B. Cristo no opera en las cuatro paredes de una iglesia. Cristo está afuera entre la gente porque Él quiere salvarlos. Tenemos que tener un trabajo continuo de estar en buena relación con las personas.

C. No llegues solo al cielo. Agáchate y levanta al herido, dales de comer del pan del cielo. No caminemos juzgándolos; vamos a hacer lo que hizo Jesús, Él no juzgó a la mujer samaritana, no juzgó a Magdalena, no condenó a Saulo, a Mateo, o al Gadareno endemoniado, antes los amó, vayamos y hagamos lo mismo.

¿Cómo vamos a penetrar los barcos de las personas heridas? Nombre tres amigos a los que usted necesita invitar en esta semana. Intencionalmente busque oportunidades, ignore sus justificadas ocupaciones.

Conclusión:

Verdades claves

1. Cada uno tiene su propia historia.
2. La mejor herramienta de cada uno para evangelizar es su propia historia, su testimonio.
3. Por medio de nuestra historia, Jesús transformará la vida de ellos.
4. Como cristianos, tenemos la ventaja que un religioso no tiene; porque usted conoce a Jesús.
5. Ore para que usted sea sensible a las oportunidades que Dios le ofrece en esta semana.
6. La Biblia deja en claro que estamos aquí para alcanzar la gente para Cristo.

34 Temas Que Producirán Un Liderazgo De Éxito

Tema No. 13

Un Ambiente Equivocado
Destruye Tu Potencial
Mar.13:58

Introducción:

Dios diseñó cada cosa para funcionar dentro de un ambiente específico. Cuenta una historia que un niño quería jugar con su mascota (*un pez*). Metió la mano dentro de la pecera, tomó al pez y lo colocó en el piso junto a él. Luego volvió a jugar con los carritos y camiones que estaban desparramados a su alrededor. Mientras jugaba, le hablaba al pez a cerca de todo aquello que estaba haciendo, hasta que se entretuvo tanto con sus juguetes que olvidó su mascota; minutos después se acordó de él y se dio vuelta para mirarlo, lo tocó, pero el pez ya no se movía; horrorizado el niño, corrió en busca de su madre con su mascota en la mano.

Cuando ella lo vió, lo tomó y enseguida volvió a ponerlo dentro de la pecera. El niño observaba con lágrimas en sus ojos como el pez flotaba en el agua. Estaba muerto. Cuando su madre le pregunto qué había ocurrido, el niño respondió inocentemente:

Estábamos jugando en el piso cuando me di cuenta de que ya no se movía. Compasivamente la mamá le respondió: Querido, ¿no sabías que los peces no pueden vivir en el suelo? Dios los hizo para vivir en el agua. Esto ilustra lo importante que es, para las criaturas de Dios, el medio ambiente adecuado para vivir y crecer. Así como el pez necesita del agua para vivir, también nosotros tenemos que desarrollarnos en el ambiente que Dios diseñó para nosotros. Es por ello que muchos de nosotros andamos aleteando como peces en el piso y nos preguntamos ¿qué es lo que anda mal?

TENGA CUIDADO CON LOS AMBIENTES INAPROPIADOS

A. La violación del medio ambiente siempre produce la muerte.
   1. La vegetación plantada en suelo seco, eventualmente se marchitará y morirá.
   2. Los animales que vive en áreas donde predomina la sequía perecerá de deshidratación y hambre.
   3. Los peces que nadan en aguas contaminadas se enfermarán y morirán. *La violación del medio ambiente siempre produce la muerte.*

B. La Biblia nos cuenta una historia que ilustra este principio. El Evangelio de Marcos habla de esta ocasión, en la cual Jesús enfrentó condiciones que obstruyeron la manifestación de su poder: *Mar.13:58 Y no hizo allí muchos milagros, a causa de la incredulidad de ellos.*

1. Jesús fué llamado a la casa de un gobernante porque su hija había muerto. Cuando entró, las personas que se contrataban para los funerales ya habían llegado, todo se encontraba en plena marcha. Después de haber sacado afuera a la multitud, Jesús entró al cuarto donde estaba la niña. *Mar.5:39-42 Y entrando, les dijo: ¿Por qué alborotáis y lloráis? La niña no está muerta, sino duerme. Y se burlaban de Él. Mas Él, echando fuera a todos, tomó al padre y a la madre de la niña, y a los que estaban con él, y entró donde estaba la niña; y tomando la mano de la niña, le dijo: Talita cumi; que traducido es: Niña, a ti te digo, levántate. Y luego la niña se levantó y andaba, pues tenía doce años. Y se espantaron grandemente.* Miremos que la duda y la burla de la muchedumbre producían un contrapeso para la resurrección. Por eso, Cristo cambió el ambiente, sacándolos fuera.

2. Juan menciona la historia de un ciego que fue sanado por Jesús. Cuando los fariseos trataron de desacreditar el milagro poniendo a duda el poder de aquel que lo había realizado, el hombre rehusó ser absorbido por las actitudes negativas de aquellos hombres. Jua.9:25,32-33. El ambiente en que vivía quiso nublar el camino, pero él no dejo que la duda lo atrapara.

SU POTENCIAL NO TIENE LÍMITES

A. Si su ambiente es ideal, las posibilidades de liberar todo su potencial no tienen límites.
   1. Es necesario evaluar todo aquello que lo está influenciando a su rededor para averiguar si está ayudando o amputando su habilidad para cumplir con su propósito.

B. Por lo regular lo que sucede en su vida se encuentra relacionado con las personas con las que se relaciona.
   1. El ambiente interior es influenciada por las condiciones exteriores.
      - Si camina entre profesionales terminará profesional.
      - Si camina entre viciosos terminará borracho.
      - Si camina entre valientes terminará lanzándose a la conquista.
      - Si camina entre espirituales terminara siendo usado por Dios.

- Si camina entre fracasados terminará siendo un fracaso.
- Si camina entre negativos terminará desagradando a Dios.
- Si camina entre deprimidos terminará en el manicomio. Usted necesitas un David que le saque de la cueva de adulan.

DIOS SE PREOCUPA POR CREAR EL AMBIENTE IDEAL

A. Cuando Dios creó los cielos y la tierra, se preocupó de poner cada cosa que hizo en su ambiente ideal. Este cuidado es evidente en toda la creación.

B. Dios estableció una atmosfera apropiada cuando creó el huerto del Edén y puso a Adán en dicho lugar. (Génesis 2:8-10).

    1. Dios creó el huerto.

    2. Dios plantó el huerto.

    3. Dios organizó el huerto.

    4. Dios caminaba en el huerto.

    5. Dios proveyó todo lo que el hombre necesitaba para vivir en el huerto, incluida la fe.

C. Dios plantó un tesoro en su interior. Sin embargo, no podrá ser liberado hasta que se encuentre en las condiciones de su medio ambiente. Haga un esfuerzo por vivir su ambiente de acuerdo con las condiciones de Dios. Tú tienes capacidad, talento, sueños, empuje.

D. De la misma manera Dios preparó para el hombre: una iglesia, un pastor, nos dio una Biblia, nos dio su Espíritu Santo, un grupo de amigos. El puso un ambiente ideal para que los hombres diéramos fruto y fuésemos felices. No se salga del ambiente, de su cobertura como Adán y Eva.

E. Todos necesitamos la guía y los desafíos que sus leyes y mandamientos proveen. Sin estas, retardará y cancelará su habilidad para desarrollarse de acuerdo con los planes y propósitos de Dios.
   1. Es por ello que la vida sin Él es improductiva y sin satisfacción. Usted no puede vivir fuera del medio diseñada para su funcionamiento, porque necesita de su presencia. Tiene que mantener con Él, fomente la comunión y la obediencia.

LA VIDA FUERA DEL HUERTO, NO INCLUÍA BENEFICIOS NI SEGURIDAD

A. Por desobediencia de Adán y Eva, perdimos el privilegio de los beneficios de la comunión con Dios. Por ello Dios formó una vez mas un huerto para el hombre. *Salmo 91, Mat.11:28, Juan 15:4-5.*

B. Cuando desobedece las leyes que estableció para nuestro bien, tenemos como resultado caos y desorganización. El hombre es un fracaso fuera del medio ambiente de Dios. Por eso vivíamos en pecado y destrucción.

C. Los efectos de un ambiente equivocado

1. Cuando Adán y Eva dejaron el huerto, entraron a un mundo maligno, donde el enjambre de demonios estaban sueltos. La evidencia de esta confusión brota cuando Caín asesina a su hermano Abel. El enojo y la envidia de Caín condujeron a la muerte de su hermano Abel, luego Caín se casa con dos mujeres (Génesis 4:19), y en el mundo entra la infidelidad.

2. En el huerto, Dios le dió al hombre una mujer. Fuera de este lugar, el matrimonio perdía su santidad, y los hombres comenzaron a tener dos esposas.

3. Para la época de Noé, el mundo estaba tan fuera de control que *"vió Jehová que la maldad de los hombres era mucha en la tierra, y que todo designio de los pensamientos del corazón de ellos era de continuo solamente el mal" (Génesis 6:5).* Los pensamientos del hombre estaban tan gobernados por la maldad, que cualquier cosa que decía y hacia era pecado y así hasta que la vida se convirtió en una larga cadena de acciones pecaminosas.

4. Dios se angustia a tal punto con esta situación, que destruye la tierra y a toda la gente que habitaba en ella.

D. Ayuda en la debilidad. Jesús contó una historia que indica la solución para nuestro desastroso ambiente: Un padre tenía dos hijos. Un día, no mucho después de haberle pedido a su padre la parte de la herencia que correspondía, el hijo menor deja su hogar y se fue a un país lejano; allí desperdició su riqueza y se entregó a una vida de desenfreno. Después de haberlo gastado todo, llego a tener tanta hambre que hasta deseó alimentarse con la comida de los puercos. (Lucas 15:17-20).

1. Nuestro mundo actual se encuentra diseñado para destruir nuestro potencial. En el momento en el cual usted deja su posición espiritual, entra en un mundo que no tiene interés por Usted. Dios conoce muy bien la locura de este mundo.

Conclusión:

¿En qué estado se encuentra su ambiente? Tome unos momentos ahora para examinar su medio ambiente. ¿Es edificante o degradante? ¿Enriquece su vida espiritual, le aparta de la obra que Dios está haciendo en su corazón?

1. ¿Qué libros lee?
2. ¿Qué películas ve?
3. ¿Cuáles son las revistas que llenan sus estantes?
4. ¿Cuáles son sus pasatiempos y hobbies?
5. ¿Cuáles son sus actividades recreativas?
6. ¿Qué clase de música escucha?
7. ¿Quiénes son sus héroes?
8. ¿De quién recibe su alimento espiritual?

Todo lo mencionado debe ser cuidadosamente investigado, seleccionado, analizado y adaptado para alimentar, aumentar y avivar la llama de su potencial.

Tema No. 14

Disciplinas
Espirituales

Hebre.12:11, I Tim. 4:7-8, II Tim. 2:15, I Cor. 9:24-27

Introducción:

Un sinónimo de disciplina es: dominio propio. Disciplina: es tener control del área mental, emocional y física, absteniéndonos de todas aquellas cosas que nos llevan a pecar y a distraernos del propósito de Dios para nuestras vidas. Un líder debe de tener esta cualidad si desea desarrollar un liderazgo de altura (un líder es alguien que demuestra con regularidad, control de sí mismo.) Es muy difícil para algunas personas, el ser un cristiano fiel, y lo difícil para ellos es porque permiten que su carne, su naturaleza humana, controle sus vidas. Estas personas están convencidas de que se requiere un esfuerzo muy grande para complacer a Dios; este es el motivo que les impide que ellos no puedan gozar de todas las bendiciones que hay, cuando se vive por la fe.

No es que sea difícil servir a Dios pero, a causa de su vida carnal e indisciplinada, pierden el privilegio de gozar la justicia, la paz, y el gozo que solo se experimentan cuando uno vive en el Espíritu.

LA LLAVE PARA TENER UNA VIDA ABUNDANTE EN EL SEÑOR

A. La clave para experimentar una vida abundante en el señor es la disciplina. Así como necesitamos la disciplina física, para el mantenimiento de nuestro cuerpo, por medio del ejercicio y buena nutrición, de igual forma debemos tener disciplina para mantener una vida espiritual satisfactoria.

1. Esta vida se logra a través de la oración, el ayuno, la asistencia regular a la iglesia, la lectura y práctica de la palabra de Dios, estas son algunas de las tareas que nos llevan a lograr, una vida espiritual saludable.

2. Sin estas disciplinas es como quien sube al cuadrilátero a pelear con su contrincante sin averse ejercitado, seguro que perderá drásticamente.

B. Pablo instruyó a Timoteo para que se ejercitara y se entrenara en la vida espiritual. El dijo que el ejercicio físico era bueno, pero que el espiritual era mejor porque tenía beneficios no solo en esta vida sino que también para vida eterna.

C. Pablo también usó un ejemplo a cerca de la disciplina. El dijo: *Todo aquel que lucha, de todo se abstiene; ellos, a la verdad, para recibir una corona corruptible, pero nosotros, una incorruptible. Así que, yo de esta manera corro, no como a la aventura; de esta manera peleo, no como quien golpea el aire, sino que golpeo mi cuerpo y lo pongo en servidumbre, no sea que habiendo sido heraldo para otros, yo mismo venga a ser eliminado. I Co 9:25-27.*

1. Lo que el apóstol Pablo está diciendo, es que él se entrenaba y disciplinaba a sí mismo para estar seguro de que no iba a perder el premio que Dios tenía reservado para él cuando alcanzara la meta final.

D. Los Corintios conocían muy bien este tema, porque ellos celebraban un evento tipo olímpico. En estos juegos, los atletas corrían por una corona hecha de hojas de laureles. Esto tuvo que ser muy insignificante para Pablo, quien se estaba disciplinando para recibir la corona de vida en el cielo. Hay una necesidad imperiosa de tener disciplina y control, para experimentar una vida espiritual victoriosa y saludable.

EXAMINANDO LA DIFERENCIA

A. Examine las diferencias entre cristianos que no practican la disciplina espiritual, y con los que si practican la disciplina como un estilo de vida.

1. Cristianos sin disciplina viven vidas derrotadas. Ellos están colgando de un hilo, con muy poca esperanza para el futuro.

2. Cristianos que practican disciplina espiritual, viven vidas victoriosas. Ellos sienten gozo y tienen muchas bendiciones.

B. ¿Por qué muchos cristianos no ejercitan las disciplinas de oración, ayuno y estudio de la Biblia? Porque no saben cómo empezar. Algunos lo dejan para otro día, algunos piensan que no tienen tiempo, muchos otros no están al tanto de los beneficios porque no se dan cuenta que los frutos no son de un día para el otro. Al ignorar esto muchas personas pierden la constancia de practicar la disciplina.

C. Para algunos otros la disciplina es parte de su vida, porque ellos aprendieron disciplina a una edad más temprana que otros. Todos podemos comenzar una nueva vida de disciplina. **Para Dios es importante que cada cristiano aprenda disciplina como un estilo de vida.** Todos podemos ejercerla, Dios nos dará la gracia, el deseo y el poder, para aprenderlas. Si podemos aprender las disciplinas para un trabajo, ¿podemos aprender las disciplinas para complacer a Dios?

LA CONQUISTA DE SI MISMO

A. **La disciplina del dominio propio.** Muchas personas no son muy fogosas pero, nos preguntamos porque tienen tanto éxito, la respuesta es que ellos son organizados y disciplinados. Disciplina es abstinencia de excesos y tener control de uno mismo. Es tener una vida balanceada en todos los aspectos de nuestro diario vivir sin caer en los extremos. El ser disciplinado implica ser estrictos con nosotros mismos e imponernos ciertas reglas.

B. Cada líder debe tener muy en claro que antes de conquistar al mundo, debe conquistarse a sí mismo. *Mejor es el que tarda en airarse que el fuerte; Y el que se enseñorea de su espíritu, que el que toma una ciudad. Prov.16:32 Todo aquel que lucha, de todo se abstiene; ellos, a la verdad, para recibir una corona corruptible, pero nosotros, una incorruptible n. 1 Corintios 9.25*

   1. El líder disciplinado es alguien que no se deja llevar por los excesos de: comer, beber, dormir, diversiones entre otros. En pocas palabras, es una persona que sabe balancear y dominar todas las áreas de su vida.
   2. El exceso de comida, de diversión, de dormir y de tantos otros, se convierten en un peso cuando no se logra tener control sobre ellos. Por eso, es muy importante que, por medio de la disciplina, podamos desarrollar un balance saludable en todas las áreas de nuestra vida.

> *"Por tanto, nosotros también, teniendo en derredor nuestro tan grande nube de testigos, despojémonos de todo peso y del pecado que nos asedia, y corramos con paciencia la carrera que tenemos por delante".* Hebreos 12.1

C. Una de las cosas que más le cuesta al ser humano es disciplinarse a sí mismo. Una disciplina es: lograr orar todos los días. En un principio puede ser muy difícil, el cuerpo no quiere orar todos los días, las emociones tampoco, pero después de un tiempo reconocemos que orar y hablar con Dios es una prioridad en mi vida.

1. Si la oración es el medio para hablar con Dios; entonces, debemos imponernos una estricta disciplina y hacer un compromiso con Dios.

- Descubrimos que el tiempo rinde más y se logran más cosas por medio de la oración que estando yo mismo presente para hacerlas.
- Dios nos da la sabiduría para tomar las decisiones correctas en nuestro negocio, empresa, ministerio o iglesia. Sin la oración, no tendría el mismo tiempo para hacer todo lo que tengo que hacer. Jer.33:3; Santiago 1:5

D. Un líder disciplinado trabaja mientras los otros malgastan el tiempo; estudian mientras otros reposan; oran mientras otros viven en deleites se quedara hasta altas horas de la noche mientras los otros se dejan vencer por el sueno. Su cargo lo responsabiliza al crecimiento.

Conclusión:

Concluimos que el líder disciplinado no es perezoso; es diferente a los demás en el modo de pensar, de obrar, de vestir y de comer. El líder disciplinado tiene control de sí mismo. El líder es uno que tiene dominio de sí mismo. La pregunta es ¿Qué disciplina está practicando usted ahora mismo?

34 Temas Que Producirán Un Liderazgo De Éxito

Tema No. 15

El Proceso
De Afirmación

Porque con ingenio harás la guerra, Y en la multitud de consejeros está la victoria. Prov.24:6

Introducción:

¿Que significa afirmar? Afirmar es cimentar, asegurar, consolidar, afianzar la decisión de los nuevos convertidos y darle el equipamiento apropiado hasta que ellos crezcan y puedan sostenerse por sí solos. La paternidad espiritual comienza cuidándolos, orando por sus necesidades y mostrándoles a la vez, el amor y la compasión de Dios.

Uno de los grandes problemas que existen en la iglesia de Cristo, es la imposibilidad de retener el fruto de nuevos convertidos. Hemos visto las grandes cruzadas de milagros y sanidades, en las que grandes cantidades reciben al Señor; pero no se les da un programa de seguimiento efectivo para afirmarlas en Cristo. Afirmar es la parte de nuestra visión para retener las almas que se convierten.

Queremos estar seguros de que cada una de las personas ganadas, sean afirmadas en el camino del Señor; para que, posteriormente, sea discipulado y en un futuro, pueda ser enviada a hacer lo mismo con otros; que no se pierda el fruto de la evangelización.

 ¿CÓMO CUIDAR A LOS NUEVOS CREYENTES?

1. Cuando el Pastor haga el llamado de salvación, todos los líderes de turno deben estar alerta y pasar al altar, colocándose detrás de un recién convertido uno a uno para darle un abrazo de bienvenida, después de que hace la oración del pecador.

2. Al momento de terminar el servicio, los líderes deben acompañar a estos nuevos creyentes, hasta el "un lugar privado" sin perderlos en el camino; una vez en el "un lugar privado", deben orar, de manera individual, por sus necesidades.

3. Adicionalmente, deben tomar los datos del nuevo creyente en la tarjeta de bienvenida, con toda la información necesaria: nombre, dirección, teléfono, etcétera y, entregarla ministro de nuevos convertidos.

4. La información tomada en la planilla será procesada de inmediato por el departamento de datos de la iglesia, para luego, ser entregada a los líderes de Distrito, quienes se encargarán de asignarlos a una de las células, de acuerdo a las ubicaciones geográficas.

5. Deberes del ministerio: El nuevo convertido es asignado inmediatamente a un grupo para que allí sea cuidado y nutrido en la Palabra. Una llamada telefónica dentro de las próximas 24 horas, una visita dentro de las 48 horas siguientes a su conversión, para poder confirmarlos en Cristo y la carta de bienvenida que envía la iglesia el siguiente día de su conversión.

EL ALCANCE DE LA AFIRMACIÓN

A. Cada una de las personas que llegan a nuestros grupos y se afirman, representa a la larga, cientos y miles de nuevos miembros que se estarán equipando como discípulos para reproducirse en otros nuevos creyentes. Los nuevos creyentes añaden pero los discípulos multiplican. **¿Cómo equipar a los nuevos creyentes?**

1. Confirmar que recibieron a Jesús en su corazón de una forma genuina y, si no fue así, llevarlos a tomar la decisión nuevamente.

2. Reafirmarlos para que logren sostenerse por sí solos, enseñándoles la doctrina de Cristo, cuidando de ellos, amándolos y orando por ellos.

3. Convencerlos a que no sean simples creyentes y conducirlos a ser discípulos y líderes.

4. Enseñarles a evangelizar y a discipular para que lleguen a tener su propia célula. Cimentar a aquellas personas que son ganadas, representa futuros discípulos para el Reino de Dios.

B. **Cómo afirmar a los nuevos creyentes**

1. Posteriormente, un líder seguirá al nuevo creyente, conduciéndolo por los siguientes niveles de desarrollo espiritual:

2. Ubicándolos, inmediatamente, en un grupo de amistad

3. Invitándolos a la fiesta de celebración cada domingo.

4. Impulsándolo para que comiencen el curso de discipulado para nuevos creyentes.

5. Clases del discipulado celular para nuevos creyentes nivel 1

6. Cuando la persona haya pasado la etapa anterior, será motivada a ingresar a la escuela de liderazgo celular y así abrir su propia casa.

No podemos dar por hecho que cuando un nuevo creyente toma el paso del arrepentimiento ya está completo. Jesús les dió órdenes a sus discípulos que desataran a un muerto que había sido resucitado. *Y el que había muerto salió, atadas las manos y los pies con vendas, y el rostro envuelto en un sudario. Jesús les dijo: Desatadle, y dejadle ir. Jua.11:44.*

REQUISITOS PARA SER LÍDER DE CÉLULA

A. En toda iglesia celular se le pide al nuevo discípulo ciertos requisitos para ser líder de grupo.

- Haber nacido del agua y del Espíritu.
- Haber sido ministrado en sanidad interior y liberación.
- Haber pasado por el nivel uno de discipulado.
- Si tiene pareja, debe estar casado.
- Debe ser un estudiante regular del ministerio del liderazgo.
- Debe ser fiel a Dios y a su iglesia con sus finanzas.

B. El nuevo líder seguirá en el discipulado de su mentor y el se encargará, de transmitir a su discípulo lo que reciba. De este modo, todos somos discipulados, y a la misma vez, somos mentores de otros.

C. Cuando un discípulo es enviado como mentor de un grupo, sucederá algo especial en su vida. Desde el altar, el pastor le impondrá las manos, orará por él, y será enviado en bendición para ministrar en una célula.

1. Este nuevo discípulo comenzará a fluir en la misma unción apostólica de sus pastores, tal como lo describe la Palabra de Dios.

    Num.11:16-17 Entonces Jehová dijo a Moisés: Reúneme setenta varones de los ancianos de Israel, que tú sabes que son ancianos del pueblo y sus principales; y tráelos a la puerta del tabernáculo de reunión, y esperen allí contigo. Y yo descenderé y hablaré allí contigo, y tomaré del espíritu que está en ti, y pondré en ellos; y llevarán contigo la carga del pueblo, y no la llevarás tú solo.

2. A partir de este momento en adelante, el nuevo líder estará afirmando y apacentando a las nuevas ovejas, orando por ellas, llamándoles, cuidándolas y preparándoles para que sean futuros discípulos. Jua.21:17

3. El nuevo líder estará discipulado a otros al mismo tiempo que él es discipulado. Tendrá un mentor que lo discipulara por lo menos una o dos veces al mes.

Conclusión:

El señor quiere un ejército bien organizado, si atendemos a esos principios básicos, si remendamos las redes rotas, el señor puede hacer que se repita lo que pasó en el principio de la iglesia; ya lo ha hecho hoy en día en muchas congregaciones. *Prov.11:14 Donde no hay dirección sabia, caerá el pueblo; Mas en la multitud de consejeros hay seguridad. Prov.24:6 Porque con ingenio harás la guerra, Y en la multitud de consejeros está la victoria.*

Tema No. 16
Enseñando
Con Resultados

Introducción:

Todos tenemos hambre de ser efectivos, pero no basta tener hambre, hay que aprender principios básicos. Para lograr, esto es importante que sepamos enseñar efectivamente con el fin de llegar a transformar las vidas de los oyentes. Vamos a contestar algunas preguntas que resolverán ciertas dudas antes de comenzar a hablar de cómo enseñar. Esta es una clase básica, mas adelante, ahondaremos en el tema.

TODOS PODEMOS ENSEÑAR LA PALABRA DE DIOS

A. Cada creyente puede enseñar la Palabra porque es parte de su sacerdocio dado por Dios. *Mas vosotros sois linaje escogido, real sacerdocio, nación santa, pueblo adquirido por Dios, para que anunciéis las virtudes de aquel que os llamó de las tinieblas a su luz admirable. "1 Pedro 2.9*

B. ¿Cuáles son las funciones de un sacerdote?
   - Adorar
   - Evangelizar
   - Enseñar
   - Discipular
   - Interceder
   - Ofrendar

El sacerdote está llamado a cumplir estas funciones en su casa, con su familia así como en la iglesia. Un creyente tiene la habilidad dada por el Espíritu Santo para enseñar y discipular a otros. Una de las formas de hacer discípulos es enseñándoles; por eso es importante saber cómo hacerlo.

C. La diferencia entre un creyente que enseña y un maestro.
   Y él mismo constituyó a unos, apóstoles; a otros, profetas; a otros, evangelistas; a otros, pastores y maestros. Efesios 4.11

El Maestro de Efesios 4:11 es aquella persona llamada por Jesús a ejercer la función de enseñar la Palabra al cuerpo de Cristo, no solo a un grupo de discípulos o a su familia. El creyente solo enseña a grupos pequeños. Ser un maestro de la Palabra conlleva mayor responsabilidad y es una función que siempre involucra a una minoría en la Iglesia.

D. **La diferencia entre enseñar y predicar.** **Predicar:** es proclamar en voz alta, en público, anunciar a voz en cuello, con el objeto o propósito de convencer a la audiencia. **Enseñar:** significa dar instrucción. La predicación motiva, la enseñanza lo instruye. *Y recorrió Jesús toda Galilea, enseñando en las sinagogas de ellos, y predicando el evangelio del reino, y sanando toda enfermedad y toda dolencia en el pueblo. Mateo 4.23*

E. **Cuatro objetivos que debemos procurar para que los alumnos reciban la enseñanza**

1. **Que oigan la Palabra.** *Así que la fe es por el oír, y el oír, por la palabra de Dios. Romanos 10.17*

2. **Que entiendan el mensaje.** *Mateo 13.19 Cuando alguno oye la palabra del reino y no la entiende, viene el malo, y arrebata lo que fue sembrado en su corazón. Este es el que fue sembrado junto al camino.*

Mat.13:23 Mas el que fue sembrado en buena tierra, éste es el que oye y <u>entiende</u> la palabra, y da fruto; y produce a ciento, a sesenta, y a treinta por uno.

3. **Que perseveren en lo aprendido.** *Más la que cayó en buena tierra estos son los que con corazón bueno y recto retienen la palabra oída y dan fruto con <u>perseverancia</u>. Lucas 8.15*

4. **Que obedezcan lo predicado.** *Mat.7: 24 Cualquiera, pues, que me oye estas palabras, y las hace, le compararé a un hombre prudente, que edificó su casa sobre la roca. 25 Descendió lluvia, y vinieron ríos, y soplaron vientos, y golpearon contra aquella casa; y no cayó, porque estaba fundada sobre la roca.*

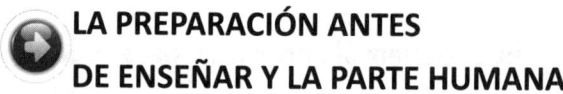

LA PREPARACIÓN ANTES DE ENSEÑAR Y LA PARTE HUMANA

1. **Hablemos de la parte humana**
   - Lectura y estudio de la enseñanza repitiendo muchas veces la clase en sus momentos de soledad y en su mente.
   - Tener comunión con Dios en oración, por lo menos una hora Mat.26:40
   - Orar abundantemente en Espíritu o en otras lenguas.

2. **Razones por las cuales debemos orar**
   - Por compasión de la gente
   - Por valor al predicar la palabra
   - Revelación y entendimiento
   - Autoridad
   - Trasformación y cambios en los oyentes
   - Obediencia
   - Para atar todo espíritu de duda y razonamiento.

3. **El contenido del mensaje**
   Toda enseñanza o mensaje consta de cuatro puntos principales:

   - **Título:** Es importante enfatizarlo al comienzo y continuamente en la clase; este tiene el fin de llamar la atención sobre el tema a tratar.

   - **Introducción:** Es una de las partes más importantes del mensaje ya que abre el apetito para los objetivos de la lección. Nunca comience con palabras negativas, hábleles dando esperanza en lo que van a recibir.

   - **Desarrollo:** Es la presentación de los puntos principales de aquello que se quiere transmitir, con citas, ilustraciones y explicaciones que llevarán a los discípulos a reflexionar.

   - **Conclusión:** Esta parte es tan importante como la introducción, porque apunta a la toma de decisión, o sea, es la cosecha en cuanto a su esfuerzo.

Lo que no se debe hacer al enseñar la palabra

- El instructor no debe solo leer las notas o la enseñanza porque eso vuelve monótona la clase y transmite falta de conocimiento.
- No debe desviarse del tema porque la enseñanza perderá su objetivo, dejando a los discípulos sin contenido para aplicar en su vida.
- No debe emplear demasiado tiempo. No es bueno enseñar en las casas por más de media hora, a menos que la clase sea un estudio bíblico y dinámico.
- El comunicador nunca debe usar la enseñanza para atacar personas o para resolver problemas personales con sus discípulos.
- No es animador que se quede inmóvil en una sola posición, porque afecta el dinamismo de la clase.
- No debe revelar asuntos delicados y confidenciales en la clase que desarrolla.
- El mentor nunca debe usar palabras vulgares.

Lo que se debe hacer durante la enseñanza

1. Leer los textos de la escritura claramente al igual que las notas. Nehemías 8:8
2. Predicarse así mismo el mensaje primero antes de comunicarlo a los oyentes Rom.2:21-24

3. Usar ilustraciones o ejemplos de la notas suyas o de la vida diaria 2Cor.12:2-4
4. Usar el buen humor, para hacer la clase más amena 1Tes.5:16
5. Orar por los enfermos, alentando a los oyentes o lo que el Espíritu le muestre en el momento. Mar.16:17; Mat.10:7-8
6. Llevar a los discípulos a tomar una decisión de obedecer lo aprendido. Josue.1:8
7. Hacer un buen uso del lenguaje corporal para mantener la atención de sus discípulos. Para ello, debe desarrollar las siguientes habilidades:
    - Mantener el contacto visual
    - Hacer cambios en el tono de la voz.
    - Hacer preguntas al terminar de enseñar un Punto importante.
    - Vestirse correctamente, bien arreglado/a.

8. Tener la seguridad de dominar el tema. 2Tim.2:15
9. Actuar por fe, sabiendo que la enseñanza traerá cambios al discípulo 2Tim.3:16; Isa.55:11

AHORA LA PARTE DIVINA

A. La unción es lo primero. Dios mandó ungir todos los vasos del templo. *Luc.4:18 El Espíritu del Señor está sobre mí, Por cuanto me ha ungido para dar buenas nuevas a los pobres;*

Me ha enviado a sanar a los quebrantados de corazón; a pregonar libertad a los cautivos, y vista a los ciegos; a poner en libertad a los oprimidos; a predicar el año agradable del Señor.

B. Ninguna enseñanza puede ser efectiva ni traer cambios al corazón de la gente sin la intervención del Espíritu Santo. *Jua.16: 7 Pero yo os digo la verdad: Os conviene que yo me vaya; porque si no me fuese, el Consolador no vendría a vosotros; más si me fuere, os lo enviaré. 8 Y cuando él venga, convencerá al mundo de pecado, de justicia y de juicio.*

C. Si la unción no está en el comunicador ¿Cómo sucederán los cambios en el alumno? Hay muchas denominaciones que no creen en el Espíritu Santo y no hay cambios en sus miembros; puede haber un mensaje muy bien trazado, pero el cambio no sucede porque falta la unción del Espíritu Santo en ese lugar.

D. Con nuestras propias fuerzas, no podemos producir resultados, tenemos que clamar el poder de su gracia.
Hech.1:8; Zac.4:6 no con ejército, ni con fuerza, sino con mi Espíritu, ha dicho Jehová de los ejércitos. El Espíritu Santo es el regenerador. *Isaias 10: 27 Acontecerá en aquel tiempo que su carga será quitada de tu hombro, y su yugo de tu cerviz, y el yugo se pudrirá a causa de la unción.*

E. **El Espíritu Santo es el maestro.** *Jua.16: 13 Pero cuando venga el Espíritu de verdad, él os guiará a toda la verdad; porque no hablará por su propia cuenta, sino que hablará todo lo que oyere, <u>y os hará saber las cosas que habrán de venir.</u> Juan 14.26 Mas el Consolador, el Espíritu Santo, a quien el Padre enviará en mi nombre, el os enseñará todas las cosas, y os recordará todo lo que yo os he dicho.*

Mat.10: 20 Porque no sois vosotros los que habláis, sino el Espíritu de vuestro Padre que <u>habla en vosotros.</u>

F. **El Espíritu Santo es el Consolador.** *Y yo rogaré al Padre, y os dará otro Consolador para que esté con vosotros para siempre: Juan 14.16.* Ninguna enseñanza será efectiva sin la ayuda del Espíritu Santo. *2Cor, 1:4 el cual nos consuela en todas nuestras tribulaciones....*

Conclusión:

Todos podemos enseñar la palabra de Dios como sacerdotes. Siempre debemos tener en cuenta los objetivos que como humanos debemos procurar para que los alumnos reciban la enseñanza son: Buscar la preparación antes de enseñar o predicar:

- Aprender lo que no se debe hacer al enseñar la palabra
- Recordar lo que si se debe hacer durante la enseñanza
- Depender de la ayuda del Espíritu Santo
- El Espíritu Santo es el comunicador, El maestro Consolador

Entendiendo
La Visión
Juan 15:5,8

"Yo soy la vid, vosotros los pámpanos; el que permanece en mí, y yo en él, éste lleva mucho fruto; porque separados de mí nada podéis hacer. V 8 En esto es glorificado mi Padre, en que llevéis mucho fruto, y seáis así mis discípulos.."

Introducción:

Cuando se llega a una multiplicación, podemos percibir una gran satisfacción en los rostros todos los participantes. Cuando hay duplicación en toda empresa, hay fiesta ya sea en un restaurante, en una fábrica, en una estación de T.V. en una estación de radio, en una pareja al nacer, el vive. De acuerdo con el diccionario Webster, la definición de visión es: sueño, idea, imagen mental, visualización.

¿CUÁL ES EL ORDEN DE LA REUNIÓN?

A. Cada reunión de un grupo de amistad hogareño tiene seis partes:
- Antojitos
- Rompehielo o preguntas
- Alabanzas
- Testimonios
- Edificación
- Visión

B. A pesar de que cada parte de la reunión es _importante_; la parte de la visión, es la que llevará al grupo a lograr su mayor objetivo de crecer en número y multiplicar. Si una persona se ha quedado conforme y sin visión, se quedará meses y hasta años solo con las tres o cuatro personas que comenzó. Un líder de un grupo que _entiende_ lo que es visión puede y va a dirigir a su grupo, a lograr las tres metas para los grupos de amistad hogareños.

EL PAPEL DE LA VISIÓN

A. Para utilizar efectivamente la parte de la visión en la reunión, el líder debe proponerse a _orar_ específicamente acerca de esta parte de la reunión, y monitorear el _tiempo_ que se gasta en las otras partes de la reunión, para que la parte de la visión no se vista como algo secundario.

1. Es en la parte de la visión de una reunión, donde nosotros tenemos la oportunidad de dirigir a los miembros de nuestro grupo, a que pasen de ser _espectadores_ cristianos a _participantes_ activos.

2. Si los hombres han podido, y han pasado sus visiones temporales a su mundo, ¿Cuánto más nosotros, por la _causa de Jesucristo_?

3. A la iglesia, se le dió una gran _comisión_. Marcos 16:15-16, Y les dijo: Id por todo el mundo y predicad el evangelio a toda criatura. El que creyere y fuere bautizado, será salvo; mas el que no creyere, será condenado.

Marcos 6:7, Después llamó a los doce, y comenzó a _enviarlos_ de dos en dos; y les dio autoridad sobre los espíritus inmundos.

Lucas 10:1-2, "Después de estas cosas, designó el Señor también a otros setenta, a quienes _envió de dos en dos_ delante de él a toda ciudad y lugar adonde él había de ir.

B. Los apóstoles claramente entendieron que su propósito era: aprender a _compartir_ el mensaje del evangelio, pero muchos grupos pequeños se desvanecen o resuelven convertirse en simplemente un _Grupo Social,_ debido a una falta de **visión**.

EN LA VISIÓN DE UN GRUPO, APRENDEMOS A PONER EN ACCIÓN NUESTRA FE

A. En muchos grupos se lucha con la parte de la visión de la reunión, porque ellos tienen un _concepto limitado_ de lo que realmente es. El líder de un grupo pequeño necesita tener una visión clara de lo que Dios quiere que su grupo se convierta.

B. La visión de un líder de grupo de amistad es: Ganar a las visitas como amigos y que se vuelvan miembros del grupo. Que ellos visiten y se vuelvan miembros de la iglesia, que muy pronto se bauticen, que los nuevos convertidos tomen el seminario de grupos de amistad y se conviertan en líderes.

C. La visión que se debe compartir en el grupo cada semana es:

- Todos debemos ganarnos la amistad de alguien para invitarlo a la célula.
- Llamar o visitar a los miembros del grupo que no están llegando a la reunión.
- ¿Qué planes tenemos como grupo para que lleguen más personas a nuestro grupo?.
- Tengamos siempre en mente que el grupo nació para multiplicar no solo para confraternizar.

D. Un grupo pequeño no va a dar a luz, a no ser que un líder rompa las barreras, se llene de fe y hable de la visión _tempranamente_ y con _frecuencia._ De esta manera cuando se llegue ese día esperado nadie mirará la multiplicación como una amenaza porque el líder día a día les habló de esto.

TRES PASOS HACIA EL ÉXITO

Oración: Cada grupo pequeño tiene que pedir a Dios por ideas en como Él quiere que el grupo alcance a los perdidos.

Planeación: Después de planear, tienen que trabajar en los detalles que les facilitará tener el éxito esperado. Nada se logra sin una planeación.

Procedimiento: Finalmente poner a trabajar el plan trazado. La visión es la _causa común_ por la cual el grupo existe. Es durante ese tiempo, en donde los miembros necesitan discutir los esfuerzos _conjuntos_. Por ello es tan importante de un tiempo semanal especifico para comunicar la visión.

Un grupo de amistad hogareño, tiene muchas similitudes con el cuerpo humano de una mujer. Tiene que _dar a luz_ o de lo contrario morirá. Ana clamó con gran dolor por hijos y Dios le dió a Ana seis hijos.

LAS ACTIVIDADES DEL SEÑOR JESÚS Y SU GRUPO DE AMISTAD

A. Jesús invirtió tiempo para su grupo de 12 personas. El grupo de 12 discípulos se reunía con Él; esta comunión era desafiante, inspirante, y apasionante.

- Ellos organizaron grandes cenas alimentando a todos los que venían a oír al Señor.
- Ellos tenían reuniones de oración.
- Ellos salían a pescar juntos.
- En ocasiones fueron a ministrar a las necesidades de la gente, encontrándose con ellos donde estaban sus necesidades, esto es, visitación de enfermos o a los recién convertidos.

B. El Señor Jesús salió de su zona de comodidad para hacer la voluntad de su Padre. Nunca esperemos que ellos vengan al templo o toquen la puerta de su casa, Jesús y sus discípulos salían a buscarlos por las calles.

Como líder, Él sabía que se iba a ir; por eso Él se aseguró que sus líderes fueran _equipados_ para que ellos pudieran ir y alcanzar al mundo; y en verdad que dejó un equipo trascendental de líderes.

Conclusión:

No es la voluntad de Dios que nuestros grupo de amistad hogareño se queden juntos sin dar frutos, sino que más bien nosotros como Él podamos _equiparnos_ y _multiplicarnos_ en otros.

- David instruyó a Salomón para tomar el liderazgo de Israel.
- Moisés se multiplicó con Josué.
- Elías se multiplicó en Eliseo.
- Pablo se multiplicó en Timoteo, en Filemón y en Tito, dejándonos así un gran ejemplo para los que viviríamos después de ellos. Los grupos pequeños son grupos "*donde las vidas son transformadas*". Ellos se reúnen en las casas de los vecindarios, en edificios de oficinas, y fábricas; porque es allí donde están los campos de la cosecha. Su misión es la de ir a los campos a compartir el evangelio. Ellos invitan a la gente que no conoce al Señor.

34 Temas Que Producirán Un Liderazgo De Éxito

Tema No. 18

La Importancia De Arriesgarse

Isaías 54:2-3

Introducción:

Según las estadísticas de los triunfadores, la gente arriesgada es solo la que gana. Yo creo que Dios quiere que intentemos grandes cosas para Él y esperemos grandes cosas de Él. Si vamos a ganar a nuestra generación para Jesucristo, debemos estar deseosos de <u>arriesgarnos por el Señor Jesús</u>. Deseosos de salir de nuestras comodidades y hacer grandes cosas para la gloria de Dios.

Hay muchos ministerios y aún pastores conformistas, con 30 o 40 miembros que están solo refrenando el gran barco. Jonatán es un ejemplo excelente de alguien deseoso de arriesgar todo para la gloria de Dios. Esta historia habla sobre la importancia de arriesgarse para la gloria de Dios; Jonatán tenía fe y simplemente creía que Dios podía hacer algo y confió en el Dios vivo para hacer grandes cosas.

El comprendió que Dios podía salvar con muchos o con pocos. Dios no estaba mirando su propia fuerza ni su propia habilidad. *Dijo pues, Jonatán a su paje de armas: Ven, pasemos a la guarnición de estos incircuncisos; tal vez haga algo Jehová por nosotros, pues no es difícil para Jehová dar la victoria, sea con muchos o con pocos. 1 Samuel 14:6-15:*

▶ SALIENDO DEL BARCO

A. A menudo Jesús probaba a sus discípulos permitiéndoles arriesgarse y ejercer su fe. Usted recordará cuando Jesús caminó sobre el agua para reunirse con sus discípulos. «Jesús les habló, diciendo:

   ¡Tened ánimo! Soy yo, no temáis. Entonces le respondió Pedro, y dijo: Señor, si eres tú, manda que yo vaya a ti sobre las aguas. Y él dijo: Ven. Y descendiendo Pedro de la barca, andaba sobre las aguas para ir a Jesús. Pero al ver el fuerte viento, tuvo miedo y comenzó a hundirse. Entonces gritó: ¡Señor, sálvame! Al momento Jesús, extendiendo la mano, lo sostuvo y le dijo: ¡Hombre de poca fe! ¿Por qué dudaste? En cuanto ellos subieron a la barca, se calmó el viento. (Mat. 14:27-32)

   1. Es fácil enfocarse en el hecho que Pedro se hundió en el agua y tenía que clamar: «*¡Señor, sálvame!*». Sin embargo:

Elogiamos a Pedro porque se animó a lanzarse al mar. Elogiamos a Pedro porque estaba dispuesto a arriesgarse por Jesucristo. Elogiamos a Pedro porque estaba dispuesto a dejar su lugar de comodidad del barco. Elogiamos a Pedro porque estuvo dispuesto a arriesgar su propia vida para intentarlo.

2. Imaginémos a todos los discípulos agrupados en el barco, aterrorizados, viendo que Pedro se atrevió a salir. Él estaba dispuesto a confrontar su debilidad e incluso arriesgarse al fracaso. Sí, él falló, pero al menos lo intentó. Muchos de nosotros nunca lo intentamos, simplemente nos quedamos sentados en la barca, muertos de miedo por lo que podría pasar.
   - Este hecho hizo de Pedro, el príncipe de los predicadores.
   - Jesús dijo tu eres Pedro y sobre esta roca...
   - Pedro fue el que llevo el mensaje a los gentiles
   - Pedro fue llevado por Jesús al monte de la transfiguración.
   - Pedro fue el que dió el primer mensaje bajo la unción del Espíritu Santo.
   - Pedro ganó tres mil almas en el primer mensaje y cinco mil en el segundo mensaje.

B. Encuesta de personas mayores

1. Se realizó una encuesta entre cincuenta personas que tenían más de 95 años de edad. Se les preguntó: Si usted pudiera vivir otra vez, ¿qué cambiaría en su vida? Aunque hubo una variedad de respuestas, dos temas fueron los que más sobresalieron:
   - Si yo tuviera que repetir mi vida, haría más cosas que seguirían vivas después de mi muerte.
   - Si yo tuviera que volver a repetir mi vida, me arriesgaría más. Ellos comprendían que habían vivido demasiados años en las zonas de seguridad y comodidad. Ellos deseaban haber salido como Pedro en lugar de quedar dentro del barco.

DESTACÁNDONOS DEL RESTO DE LA MULTITUD

A. 1 Crónicas, del capítulo uno al cuatro, es un buen ejemplo de las largas listas de personas que registra la Biblia. En medio de una larga lista de nombres, una persona sobresale del resto. Su nombre era Jabes. Dice: *Jabes fue más ilustre que sus hermanos, al cual su madre llamó Jabes, diciendo: Por cuanto lo dí a luz con dolor." Invocó Jabes al Dios de Israel diciendo: "Te ruego que me des tu bendición, que ensanches mi territorio, que tu mano esté conmigo y que me libres del mal, para que no me dañe." Y le otorgó Dios lo que pidió* (1 Cr. 4:9-10).

1. Jabes era un hombre que quería destacarse para Dios.
2. Él quería hacer un impacto en su generación.
3. Jabes no estaba satisfecho simplemente con ser un nombre en una larga lista. Tantas personas están satisfechas con sus pequeñas ganancias. No están dispuestos a arriesgarse porque podrían fallar.
4. Muchas personas poseen toneladas de talentos, pero no han utilizado lo que Dios les ha dado.

B. ¿Usted está dispuesto a sobresalir del montón? Los grandes líderes siempre corren riesgos y aceptan el desafío. En el libro: **El Desafío del Liderazgo**: dice:
1. *"Los líderes se lanzan a la ventura y la grandeza aceptando los desafíos.*
2. *Los líderes son personas que están dispuestas a correr riesgos, para encontrar maneras nuevas y mejores de hacer las cosas."*

C. Miramos a un sin número de personas fuera de las iglesias que corren grandes riesgos por recurso humano; tanto más nosotros deberíamos arriesgarnos por causa del reino.
- Se lanzan en paracaídas desde aviones.
- Se lanzan de trampolines gigantescos.
- Escalan rocas peligrosas arriesgándo la vida.
- Otros han arriesgado la vida escalando el Everett.
- Otros se arriesgan a cruzar océanos.
- Otros por pura emoción se lanzan a valles de cocodrilos.
- Otros se lanzan a torear o jinetear toros asesinos, no mas para desafiar la muerte.

D. ¿Sabía usted que hace mucho tiempo sólo se podía beber Coca-Cola en la farmacia? Así es. No porque fuera una droga, sino porque hace 100 años había una máquina especial que distribuía la Coca-Cola. Un día alguien probó la Coca-Cola y le gustó tanto que tuvo una idea acerca del modo cómo distribuirla. Así que empezó averiguar quién era el dueño de la patente. Básicamente, en esa época Coca-Cola era un producto desconocido. Así que tenía que salir a buscar al dueño de la patente. Finalmente encontró al dueño, y le dijo: Tengo una idea excelente para usted. Esta idea revolucionará al mundo entero con su refresco. Por eso, quiero que me pague por mi idea. ¿Cuánto quieres? preguntó el dueño. $2,500.00 dólares (Debe entenderse que, hace 100 años, eso era mucho dinero.)

El dueño dijo: ¿Por qué no me dice la idea y, si pienso que es bastante bueno, le daré el dinero. El hombre alegó: No, usted debe darme primero el dinero, y luego yo le diré la idea. Así que el dueño de Coca-Cola tomó el gran riesgo y entregó los $2,500.00 dólares y el hombre dijo: Aquí está mi idea: Usted debe embotellar la Coca-Cola y distribuirla en cada tienda de la ciudad. El dueño supo inmediatamente que era una gran idea y la aplicó. El dueño se propuso la meta radical de poner una botella de Coca-Cola en las manos de todos los norteamericanos y de vender Coca-Cola en todas las esquinas de la ciudad. Y por supuesto, esa visión se extendió a todo el mundo.

E. Nosotros tenemos una meta mucho más alta, es una meta eterna. Esto requerirá de todas nuestras energías. La meta es de llevar las buenas noticias del evangelio de Jesucristo a toda persona en la tierra. Para establecer una iglesia celular que crece, se multiplica y tenga un impacto poderoso en nuestro país, se necesita todo nuestro esfuerzo.

F. **Dependencia en el espíritu santo.** Piense en el apóstol Pablo, su visión demandaba su dependencia en el Espíritu de Dios y la habilidad de arriesgarse por Jesús.

   1. Las Escrituras nos dicen que Pablo estableció las iglesias y luego dejó esas iglesias en las manos de algunos ancianos que eran nuevos en la fe. Sin embargo, Pablo confiaba en el Espíritu Santo. Él estaba confiado que el Espíritu de Dios podía cuidar de esas iglesias.

   2. Los pastores hoy en día nos arriesgamos muy poco. Educamos a las personas durante años y años y finalmente les permitimos hacer unas pocas cosas. Pablo confiaba en el Espíritu Santo y Dios obraba con poder.

NO TENGA MIEDO DE FRACASAR

A. Tantas personas hay paralizadas con preguntas como éstas: ¿Y si fracaso? ¿Qué pasará si no funciona? Muchas veces esto no es ser precavido sino es orgullo nuestro porque no queremos vernos como fracasados. Sin embargo, si vamos arriesgarnos, debemos salir del barco.

   1. Podemos aprender de nuestros errores. Es verdad que éstos nos lastiman, pero no se aprende si no se cometen.

B. Todos cometemos errores.

   1. Piense en el maestro de la escuela de Múnich que dijo a un muchacho de 10 años de edad "nunca llegarás a ser gran cosa". Ese muchacho pequeño era Alberto Einstein.

   2. Piense en el maestro de primaria que le dijo a un niño de su clase que era un niño retrasado mental; este era Tomas Edison.

   3. Consideremos lo que dijo el directivo de la compañía de grabaciones en 1962, este directivo se negó a dar un contrato a un grupo británico de rock. *"No nos gusta el sonido de los Beatles"* explicó. *Los grupos con guitarras están a punto de desaparecer.*

4. Piense en los relojes Suizos que eran lo máximo de aquel entonces, alguien tuvo una buena idea de un reloj digital, le ofrecieron esta idea a la compañía suiza pero este rechazó drásticamente la idea y los japoneses tomaron la ignorada idea. Después de algunos años los japoneses han revolucionado la industria del reloj llegando casi a desaparecer los caros y voluminosos relojes suizos.

C. Los grandes líderes ven las oportunidades en lugar de los obstáculos. Ellos se arriesgan por Jesús aunque se sientan débiles ellos mismos. Cuando tenga una gran visión y esté dispuesto a correr riesgos por el Señor, muchos lo perseguirán, le dirán sobrenombres y le criticarán, pero no se frustre por esas críticas.

PERSONAS FAMOSAS POR HABERSE ARRIESGADO PARA DIOS

A. El escritor de hebreos expone una lista de personas famosas por haberse arriesgado para la gloria de Dios. *Hebreos.11:32-35 dice: ¿Y qué más digo? El tiempo me faltaría para hablar de Gedeón, de Barac, de Sansón, de Jefté, de David, como de Samuel y de los profetas. Todos ellos, por fe, conquistaron reinos, hicieron justicia, alcanzaron promesas, taparon bocas de leones, apagaron fuegos impetuosos, evitaron filo de espada, sacaron fuerzas de debilidad, se hicieron fuertes en batallas, pusieron en fuga ejércitos extranjeros.*

Hubo mujeres que recobraron con vida a sus muertos; pero otros fueron atormentados, no aceptando el rescate, a fin de obtener mejor resurrección.

1. El apóstol Pedro no era un hombre preparado
2. David salió del anonimato
3. Mateo era un odioso recaudador de impuestos
4. Magdalena era una mujer ramera
5. Gedeón el más pobre de la familia de manases

- ¿Sabía usted que Demóstenes, el más grande orador del mundo antiguo, era tartamudo? La primera vez que intentó hacer un discurso público, se burlaron de él por lo que tuvo que abandonar la tribuna.
- Julio César era un epiléptico
- Beethoven era sordo y ciego
- Tomás Edison le llamaron niño retrasado
- Charles Dickens era cojo, famoso <u>novelista</u> <u>inglés</u>, el más conocido de la literatura universal.
- Homero era ciego
- Platón era jorobado
- Lincoln era de condición muy pobre
- ¿Sabía usted que Nick Vujicic el famoso motivador del siglo XXI no tiene pies ni manos?

B. Cada una de estas personas se negaron aferrarse a las excusas comunes que presentan los conformistas y convirtieron sus piedras de tropiezo en escalones para avanzar. ¿Cuál es su debilidad? ¿Está dispuesto a arriesgarse por causa de su nombre? ¿Está dispuesto a entregarle todo su ser a Él?

Conclusión:

ARRIESGÁNDOSE POR JESÚS. Dios quiere usarle, Él quiere hacerle fuerte. No tenga miedo al fracaso. Camine sobre el agua; Jesús está deseoso de alcanzar un mundo perdido. Él quiere que usted crea hoy en su amor, poder y gracia.

34 Temas Que Producirán Un Liderazgo De Éxito

Tema No. **19**

La Maldición De Meroz
Jueces 5:18–23

Introducción:

Por veinte años, los hijos de Israel habían sufrido bajo el dominio de Jabín, rey de Canaán y Sísara, su capitán. Israel no había estado dispuesto a reconocer que la desobediencia al Señor era la causa de su desgracia y sufrimiento. Muchos jamás admitieron la causa. Pensaban que eran acontecimientos naturales, pero cuando les quemaban sus casas y aumentaban los asaltos, cuando les robaban sus hijas o esposas para que fueran esclavas de un tirano pagano; con cada violación y muerte que se producía, los que eran más sensibles al Espíritu de Dios experimentaron una nueva convicción de sus pecados, hasta que finalmente un alto porcentaje se arrepintió y en humildad clamó a Dios por ayuda; algo que podrían haber hecho veinte años antes. *"Entonces los israelitas clamaron al Señor, porque aquél tenía novecientos carros herrados, y durante veinte años había oprimido cruelmente a los israelitas" (Jueces 4:1-3).*

Finalmente, cuando estuvieron sumidos en una situación extrema, los hijos de Israel se volvieron al Señor; entonces él escuchó sus oraciones; pero la respuesta de Dios, no fue como ellos esperaban; ellos visualizaban a un general; sin embargo, Él les envió una mujer llamada Débora. Ella fue la elegida por Dios para juzgar a Israel en ese tiempo, a quien también le fue dado el don de profecía, constituyéndola líder del pueblo.

LA PARTICIPACIÓN DE LAS TRIBUS EN LA BATALLA

A. En Jueces 5:14-17, Débora menciona varias tribus a las que se les había "propuesto que vinieran a ayudar al Señor y se unieran al combate". El llamado de armarse para la batalla, se dio a:

- Efraín
- Benjamín
- Manasés
- Zabulón
- Isacar
- Rubén
- Galaad
- Dan
- Aser y
- Neftalí.

B. Estas tribus son mencionadas por su valentía en la batalla. En contraste con la cobardía de Meroz. En esta batalla, tanto Jael como Débora pelearon y tuvieron una bendición especial. Vv. 24—31. Aun desde los cielos, las estrellas pelearon 5:20.

C. Los príncipes de Isacar estaban con Débora. "Había grandes resoluciones de corazón". Zabulón era pueblo que despreció su vida hasta la muerte. Debora testifica: "El pueblo del Señor vino a mí como guerreros. De Efraín descendieron los arraigados con tus pueblos. Y de Zabulón los que manejan vara de mando".

¿POR QUÉ MEROZ RECIBIÓ SEMEJANTE CASTIGO DE MALDICIÓN?

A. Todo Israel se aprestó "para salir a la guerra" y luchar. Meroz no fue, no lo hizo, no se esforzó, no sintió carga. No hubo entre las tribus un solo soldado de Meroz. Yo me atrevería a decir que esta semana habrá una silla vacía, un hogar vacío, un hogar sin luz porque alguien ha hecho lo mismo que Meroz.

Maldecid a Meroz, dijo el ángel de Jehová; Maldecid severamente a sus moradores, Porque no vinieron al socorro de Jehová, Al socorro de Jehová contra los fuertes. (Jueces 5:23)

B. Los pecados de negligencia son tan dañinos como los cometidos. *Sant.4:17 y al que sabe hacer lo bueno, y no lo hace, le es pecado.*

C. Los habitantes de Meroz fueron culpables de holgazanería, pereza, indiferencia, tibieza y frialdad. Evidentemente, Dios observó (a) quienes *se mantuvieron distantes* y no se pusieron del lado de Israel, como pudiera haberse esperado.

¿POR QUÉ MEROZ NO FUE A LA LUCHA?

A. No se sabe con claridad cual haya sido el motivo "por el cual Meroz" no quiso obedecer.

1. ¿Sería cobardía? Quizá diría: el enemigo es muy fuerte.
2. ¿Quizá negligencia? Pudo haber dicho: que otros lo hagan por nosotros, somos pocos ni nos notarán".
3. ¿Quizá indiferencia? Le dieron más prioridad a sus intereses y no a los del Señor; o sea, ellos se ocuparon en sus negocios (Luc. 14:18-20). Algunos Dicen: "no viene gente a mi grupo, somos muy poquitos, no hay talento, yo prefiero no hacer nada al fin y al cabo ¿Quién lo sabrá?". Hay líderes que en lugar de luchar contra el enemigo, que quiere quitarle el ministerio se rinden y dejan su poca responsabilidad que Dios les había dado.

B. La verdad para cualquier excusa que ellos pudieran presentar, es que no estaban dispuestos al sacrificio ni a la lucha. Ellos prefirieron ser espectadores, no actores. Así lo ejemplifico el Señor cuando habló del sacerdote y el levita en Lucas 10:31-32; siguieron su paso, dejando al hombre tirado, no quisieron hacer nada por el herido, dejaron la responsabilidad para los que tienen más tiempo y más dinero.

 UNA GUERRA ENTRE EL BIEN Y EL MAL

1. Usted está librando una gran batalla entre el bien y el mal.
2. Así es la iglesia de Cristo; día a día libra una encarnizada batalla contra el diablo y el pecado.
3. Nos hallamos oprimidos por el diabólico "Canaán" con su jefe Satán.
4. No basta solo pertenecer a una denominación o ser simple simpatizante. Hay que ser un soldado de guerra.
5. La inactividad es oposición, pasividad es entorpecimiento al reino de Dios. (Mat. 12:30). *El que no es conmigo, contra mí es; y el que conmigo no recoge, desparrama.*

EL SEÑOR NOS LLAMA A CADA UNO DE NOSOTROS AHORA

A. Este es nuestro tiempo, iglesia. Uno solo que ignore su responsabilidad, puede ser el motivo del fracaso para multitudes. Recordemos solo algunos ejemplos.

1. De la obediencia de Jonás dependía la salvación de toda una ciudad de miles de pecadores. *Vino palabra de Jehová a Jonás hijo de Amitai, diciendo: Levántate y vé a Nínive, aquella gran ciudad, y pregona contra ella; porque ha subido su maldad delante de mí. Jon.1:1-2.*

2. Si Moisés no hubiera obedecido al llamado de Dios, los miles de Israelitas hubieran perecido por la espada y el látigo del faraón. *Dijo luego Jehová: Bien he visto la aflicción de mi pueblo que está en Egipto, y he oído su clamor a causa de sus exactores; pues he conocido sus angustias, y he descendido para librarlos de mano de los egipcios, y sacarlos de aquella tierra, a una tierra buena y ancha, a tierra que fluye leche y miel, a los lugares del cananeo, del heteo, del amorreo, del ferezeo, del heveo y del jebuseo. El clamor, pues, de los hijos de Israel ha venido delante de mí, y también he visto la opresión con que los egipcios los oprimen. Ven, por tanto, ahora, y te enviaré a Faraón, para que saques de Egipto a mi pueblo, los hijos de Israel. Exo.3:7-10.*

3. Otro gran ejemplo de heroísmo es Ester, porque de la obediencia de Ester dependía la vida de toda una nación. *Porque si callas absolutamente en este tiempo, respiro y liberación vendrá de alguna otra parte para los judíos; mas tú y la casa de tu padre pereceréis. ¿Y quién sabe si para esta hora has llegado al reino? Ester 4:14*

B. Este no es el momento de estar con manos cruzadas y dejando a otros soldados solos. Líderes, pastores, laicos, todos debemos estar luchando. ¿Qué harás tú?

1. Así como Meroz, muchos cristianos no cumplen su deber
   - por temor o miedo a los problemas
   - por amor a la comodidad
   - por el injusto afecto de sus negocios y ventajas mundanales

C. Los escurridos y materialistas no velan por lo que le suceda a la iglesia de Dios con tal de conseguir, guardar y ahorrar dinero. Estos siempre buscan algo pequeño que les sirva de pretexto para quedarse en casa, ellos no tienen la intención de comprometerse en servicio a Dios, ello presenta dificultades y peligros.

EL ESPÍRITU DE MEROZ EN LA IGLESIA DEL SIGLO XXI

A. No podemos mantenernos fuera de la lucha entre el Señor y sus enemigos; y si no nos activamos en el reino, peligramos en caer por falta de esforzarnos. *2Sam. 11:1 Aconteció al año siguiente, en el tiempo que salen los reyes a la guerra, que David envió a Joab, y con él a sus siervos y a todo Israel, y destruyeron a los amonitas, y sitiaron a Rabá; pero David se quedó en Jerusalén.*

B. Dios no necesita ayuda humana, sin embargo, Él se agrada en aceptar los servicios y talentos de su pueblo para el progreso de su causa. Él requiere que cada hombre haga esto.

   La maldición de Meroz recaerá sobre esos cristianos infieles, a menos que abandonen su apatía. El ángel dijo: se me han señalado estas palabras: *Maldecid a Meroz, dijo el ángel de Jehová: Maldecid severamente a sus moradores, porque no vinieron en socorro a Jehová, en socorro a Jehová contra los fuertes"*

C. Este versículo tiene un significado especial en nuestros días; Dios habla del Meroz del Nuevo Testamento.
   1. Meroz no había cometido pecados graves, ni violentos, y sin duda estaban sobre el fundamento correcto.

2. No leemos que Meroz dijera algo desleal de la nación, que fuera un borracho, un adultero, un ladrón. ¿Qué hizo Meroz? "nada".
3. Meroz no se alistó para luchar. Lo mismo hizo el hombre del talento que se sentó y no hizo nada. Mat.25:24-30 ¿Qué había hecho Meroz? Nada. La maldición de Dios cayó sobre sus habitantes por no haber hecho nada".

D. Hay quienes tienen medios y talentos y no los usan para el Señor. Tienen la oportunidad de testificar, de ser líderes y no están haciendo nada. Muchos de nuestros miembros son tibios.

1. Ellos ocupan la posición de Meroz, ni a favor ni en contra, ni fríos ni calientes; así hay mucho pueblo de Dios hoy. Ni a favor, ni en contra.
2. Ellos no quieren estar en contra ni a favor de nada, solamente asumen la actitud de "esperar y ver". Este es el pecado de Meroz.
3. Ellos desean que Jesús sea su Salvador, pero no están dispuestos a cargar su cruz, ni llevar su yugo. Quiera el Señor tener misericordia; porque si siguen por este camino, sólo se podrá profetizar el mal contra los negligentes"

Conclusión:

El intento de Satán es que renuncien más y más obreros y se cierren locales, se cierren grupos hogareños, se desanimen los equipos, se clausuren y se dividan iglesias, porque la misión del diablo es meter pereza, cizaña, temor y desánimo al ejercito del Dios vivo.

Tema No. 20

Enfoque Para Un Liderazgo De Éxito
Hechos 6:7

Introducción:

- Donde no hay liderazgo sabio, caerá el pueblo
- Liderazgo es hacer las cosas a través de la gente
- La función del liderazgo es producir más líderes, no más seguidores
- El verdadero líder es una persona ordinaria con extraordinaria determinación
- Un verdadero líder surge debido al impacto que ha tenido en el algún líder que se ha determinado en ser instructor para él
- La calidad del liderazgo determinará el éxito de la empresa
- El entrenador hace la diferencia. Si una empresa tiene líderes fallidos, el pequeño liderazgo solo irá de mal en peor. Si una empresa tiene líderes sólidos, entonces su liderazgo irá de mejor a mejor.

EL CRECIMIENTO EJEMPLAR DE LA IGLESIA PRIMITIVA

A. El crecimiento de la iglesia era diario Hech.2:41, la iglesia trabajaba incansablemente y los números aumentaban según Hch.4:4, 5:14; por lo tanto la necesidad de un discipulado fuerte aumentaba. Hechos 6:7, Mar.4:30-32.

B. Si la gracia de Dios te da crecimiento, cuidado con la auto exaltación. Un día Satanás se miró por encima de todos los Ángeles y el orgullo lo echó a perder; por tanto, los líderes no deben dejarse controlar por los halagos de las personas. Las personas quizá lo exalten, "dé gloria a Dios" pero usted permanezca humilde. *Sal.115: 1 No a nosotros, oh Jehová, no a nosotros, Sino a tu nombre da gloria.*

LAS PERSONAS SIGUEN SU LÍDER CUANDO ÉSTE SE DA PLENAMENTE.

A. Los líderes aman a las personas *2Cor.12:15 Y yo con el mayor placer gastaré lo mío, y aún yo mismo me gastaré del todo por amor de vuestras almas, aunque amándoos más, sea amado menos. Fil.1:8 Porque Dios me es testigo de cómo os amo a todos vosotros con el entrañable amor de Jesucristo.* Pablo amaba a las iglesias aunque cometieron errores; las corrigió, las aconsejo, las estableció y siguió adelante. Las personas siguen plenamente al líder cuando éste se da plenamente.

B. Los líderes aman con un amor paciente
   1. *Santiago 5:7 Mirad cómo el labrador espera el precioso fruto de la tierra, aguardando con paciencia hasta que reciba la lluvia temprana y la tardía.*
   2. La perseverancia es la clave para la victoria. Cuando una persona llega a tu grupo, esa persona es como un Lázaro sacado de la tumba, ayúdale a ser desatado. *Y el que había muerto salió, atados las manos y los pies con vendas, y el rostro envuelto en un sudario. Jesús les dijo: Desatadle, y dejadle ir. Jua.11:44*
   3. Como el pez al ser sacado del agua, hay que quitarle la escama, limpiarlo y lavarlo. Así el pecador necesita de nuestra ayuda. Jesús ama al pecador aunque no ama sus hechos.

C. Los líderes aman con esperanza. Moisés amó al pueblo de Israel en medio de todas las cosas negativas que cometían.

   1. *Exo.32: 31 Entonces volvió Moisés a Jehová, y dijo: Te ruego, pues este pueblo ha cometido un gran pecado, porque se hicieron dioses de oro, 32 que perdones ahora su pecado, y sino, ráeme ahora de tu libro que has escrito.*

   2. *Num.14: 10 Entonces toda la multitud habló de apedrearlos. Pero la gloria de Jehová se mostró en el tabernáculo de reunión a todos los hijos de Israel, 1 y Jehová dijo a Moisés: ¿Hasta cuándo me ha de irritar este pueblo? ¿Hasta cuándo no me creerán, con todas las*

señales que he hecho en medio de ellos? 12 Yo los heriré de mortandad y los destruiré, y <u>a ti te pondré sobre gente más grande y más fuerte que ellos</u>. 18 Jehová, tardó para la ira y grande en misericordia, que perdona la iniquidad y la rebelión, aunque de ningún modo tendrá por inocente al culpable; que visita la maldad de los padres sobre los hijos hasta los terceros y hasta los cuartos. 19 Perdona ahora la iniquidad de este pueblo según la grandeza de tu misericordia, y como has perdonado a este pueblo desde Egipto hasta aquí. 20 Entonces Jehová dijo: Yo lo he perdonado conforme a tu dicho.

3. Num.12: 1 María y Aarón hablaron contra Moisés a causa de la mujer cusita que había tomado; porque él había tomado mujer cusita. 2 Y dijeron: ¿Solamente por Moisés ha hablado Jehová? ¿No ha hablado también por nosotros? Y lo oyó Jehová. 3 Y aquel varón Moisés era muy manso, más que todos los hombres que había sobre la tierra ..5 Entonces Jehová descendió en la columna de la nube, y se puso a la puerta del tabernáculo, y llamó a Aarón y a María; y salieron ambos. .9 Entonces la ira de Jehová se encendió contra ellos; y se fue. 10 Y la nube se apartó del tabernáculo, y he aquí que María estaba leprosa como la nieve; y miró Aarón a María, y he aquí que estaba leprosa. ..13 Entonces Moisés clamó a Jehová, diciendo: Te ruego, oh Dios, que la sanes ahora. Moisés amó a su pueblo a pesar de todas las cosas negativas que hacían.

DIOS DEMANDA DEL LÍDER, UN CORAZÓN DE PASTOR

A. El líder debe tener un corazón de pastor. Miremos a Pedro que aún no tenía una congregación pero Jesús quería ver anticipadamente en él, un corazón de pastor. *Jua.21:15-17 Cuando hubieron comido, Jesús dijo a Simón Pedro: Simón, hijo de Jonás, ¿me amas más que éstos? Le respondió: Sí, Señor; tú sabes que te amo. El le dijo: Apacienta mis corderos. Volvió a decirle la segunda vez: Simón, hijo de Jonás, ¿me amas? Pedro le respondió: Sí, Señor; tú sabes que te amo. Le dijo: Pastorea mis ovejas. Le dijo la tercera vez: Simón, hijo de Jonás, ¿me amas? Pedro se entristeció de que le dijese la tercera vez: ¿Me amas? y le respondió: Señor, tú lo sabes todo; tú sabes que te amo. Jesús le dijo: Apacienta mis ovejas.*

B. Como líderes todos somos responsables por el rebaño del Señor. Dios está interesado por cada oveja; ninguna de ellas debe perderse *Mat. 18:12-14 ¿Qué os parece? Si un hombre tiene cien ovejas, y se descarría una de ellas, ¿no deja las noventa y nueve y va por los montes a buscar la que se había descarriado? Y si acontece que la encuentra, de cierto os digo que se regocija más por aquélla, que por las noventa y nueve que no se descarriaron. Así, no es la voluntad de vuestro Padre que está en los cielos, que se pierda uno de estos pequeños.*

LA RESPONSABILIDAD DEBE SER DELEGADA Exo.18:21-26

A. La autoridad y la responsabilidad deben ser delegadas. El acto de delegar se ha hecho desde el principio.
   1. Jesús delegó a sus doce discípulos la responsabilidad de continuar su obra
   2. Los apóstoles delegaron la responsabilidad a los siete diáconos
   3. Pablo delegó ancianos en cada nueva obra
   4. Moisés delegó autoridad de manera muy precisa
   5. También su pastor le ha delegado y confiado una responsabilidad a usted

B. El crecimiento depende de la delegación
   1. Se requiere un líder para desarrollar otro líder
   2. Se requirió un Pablo para desarrollar a Timoteo
   3. Se requirió un Elías para desarrollar a Eliseo
   4. Se requirió un Moisés para desarrollar a Josué
   Con este claro seguimiento llegamos a la conclusión que: los líderes no nacen, se hacen.

PASOS PARA REPRODUCIR LÍDERES

A. Primeramente recuerde que usted es un mentor, por eso debe de andar con mucho cuidado como se conduce adentro y afuera. *1Tim. 4:12, Tit.2:7, 1Tim.3:7, 1Ped.2:11-12.*
   1. Ore para que Dios le muestre a quién hacer su siguiente líder.
   2. Pase tiempo con cada persona preparando su liderazgo.

B. El mentor debe ayudar a las personas a verse a sí mismas como líderes. *Joel 3: 9 Proclamad esto entre las naciones, proclamad guerra,* **despertad a los valientes***, acérquense, vengan todos los hombres de guerra. 10 Forjad espadas de vuestros azadones, lanzas de vuestras hoces; diga el débil: Fuerte soy.*
Isa.50:4. Jehová el Señor me dió lengua de sabios, para saber hablar palabras al cansado; despertará mañana tras mañana, despertará mi oído para que oiga como los sabios. Manzana de oro en bandeja prov.11:24,

C. Hábleles en amor y con sinceridad sobre los aspectos que necesitan mejorar. *Prov.16:6 Con misericordia y verdad se corrige el pecado.* También debe recordar que usted está bajo autoridad, sea humilde cuando su superior le llame la atención. *Todos sumisos los unos con los otros 1Ped.5:5*

Conclusión:

El crecimiento de su iglesia o de su grupo está a la puerta, haga los ajustes que Dios desea que haga y espere con fe sabiendo que según la Biblia, en toda labor hay fruto. *Isa.55:10-11 Porque como desciende de los cielos la lluvia y la nieve, y no vuelve allá, sino que riega la tierra, y la hace germinar y producir, y da semilla al que siembra, y pan al que come, así será mi palabra que sale de mi boca; no volverá a mí vacía, sino que hará lo que yo quiero, y será prosperada en aquello para que la envié.* **Tenga muy en cuenta que formar nuevos líderes es un proceso continuo que lleva tiempo, dinero y esfuerzo.**

34 Temas Que Producirán Un Liderazgo De Éxito

Tema No. 21
La vida llena del Espíritu
(Efe.5:18)

Introducción:

En la conversión, el creyente recibe vida justificada. Es hecho justo, a esto le sigue una vida consagrada. *1Corintios 6:19-20*. En el altar, rendimos nuestra vida y nuestra voluntad al Señor. A esto le sigue una vida de despojamiento, vaciándonos de toda maldad y egoísmo, pero una vez vacío de maldad, <u>no podemos vivir en un vacío.</u> Nuestra vida debe ser llena del Espíritu Santo. *Efesios 5:18 No os embriaguéis con vino, en lo cual hay disolución; antes bien sed llenos del Espíritu.* Es muy peligroso vivir vacíos **Mat.12:43**. *Cuando el espíritu inmundo sale del hombre, anda por lugares secos, buscando reposo, y no lo halla. Entonces dice: Volveré a mi casa de donde salí; y cuando llega, la halla desocupada, barrida y adornada.* En la conversión, el creyente es reconocido justo; pero generalmente no entra en la plenitud de su espíritu sino hasta después.

EL CREYENTE DEBE CEDER EL MANDO DE SU VIDA AL ESPÍRITU.

A. **El peligro de limitar al Espíritu Santo.** Al Espíritu Santo puede tenérsele como un huésped en la sala pero nunca dársele el control de la cocina, el dormitorio o la despensa. El Espíritu puede ser simplemente un residente pero no el presidente.

B. **El Espíritu no controla a todo creyente.**
   1. El creyente todavía tiene su voluntad terca y rebelde.
   2. Puede orar o no,
   3. Ofrendar y diezmar o no,
   4. testificar o no,
   5. Puede obedecer o resistir y contristar al Espíritu.

C. **El creyente debe ceder el mando de su vida al Espíritu.** Esto es necesario para ser lleno del Espíritu; la llenura se recibe cuando el creyente, conscientemente, está dispuesto a dar el derecho y control de su persona al Espíritu Santo.

Con Cristo estoy juntamente crucificado, y ya no vivo yo, mas vive Cristo en mí; y lo que ahora vivo en la carne, lo vivo en la fe del Hijo de Dios, el cual me amó y se entregó a sí mismo por mí Gal.2:20.

D. **Ser lleno, es un mandamiento que hay que obedecer.** Efesios 5:18 Es un contraste entre un hombre bajo una influencia, completamente controlado por otro poder, ya sea por el vino (terrenal) o por el Espíritu (celestial).

E. **El Espíritu desbordante.** *Mas otros, burlándose, decían: Están llenos de mosto. Entonces Pedro, poniéndose en pie con los once, alzó la voz y les habló diciendo: Varones judíos, y todos los que habitáis en Jerusalén, esto os sea notorio, y oíd mis palabras. Porque éstos no están ebrios, como vosotros suponéis.... Mas esto es lo dicho por el profeta Joel: Y en los postreros días, dice Dios, derramaré de mi Espíritu sobre toda carne, y vuestros hijos y vuestras hijas profetizarán; vuestros jóvenes verán visiones, y vuestros ancianos soñarán sueños; Hech.2:13-17,* Juan 7:38-39.

DIOS DEMANDA UNA LLENURA CONSTANTE Y CONTINUA.

A. Los apóstoles constantemente fueron llenos del Espíritu en Juan.20:22, Hechos 2:4, y otra vez en 4:31. Constantemente necesitamos una nueva llenura. Por esto David escribe *Sal.92:10 Seré ungido con aceite fresco.* No podemos funcionar bien con el aceite del año pasado, se necesita de una constante llenura.

1. Esta experiencia no es un lujo para pocas personas para los apóstoles maestros y evangelistas. Esta es una experiencia para todos los creyentes.
2. La llenura es para apóstoles, predicadores, padres, madres, jóvenes, ancianos y obreros. Todos la necesitamos para nuestro propio beneficio a fin de ser el mejor cristiano posible.
3. Sin esta llenura, no podemos alcanzar la voluntad del Señor respecto a nuestro carácter y servicio.

B. El Espíritu no puede iluminar nuestra mente, dar calor a nuestros afectos, purgar nuestra conciencia o fortalecer nuestra voluntad, hasta que nos mantengamos rendidos a él.

C. La Iglesia necesita que todo miembro sea lleno del Espíritu: Si falta la llenura, la iglesia estará plagada de desórdenes, disensiones, contiendas, murmuración, celos y escándalos. Que cada miembro de la iglesia sea lleno del Espíritu el pastor, los ancianos, los diáconos, los maestros de escuela dominical, los cantantes, los miembros de célula y los miembros regulares.

D. No podemos hacer la obra del Señor y ser testigos eficaces si no somos llenos del Espíritu. Hacer la obra del Señor en la energía de la carne sólo puede llevar a la frustración y el fracaso.

CONDICIONES PARA SER LLENO DEL ESPÍRITU SANTO

A. **Obediencia y arrepentimiento.** Hechos 2:38-39 «*Pedro les dijo: Arrepentíos, y bautícese cada uno de vosotros en el nombre de Jesucristo para perdón de los pecados; y recibiréis el don del Espíritu Santo. Porque para vosotros es la promesa, y para vuestros hijos, y para todos los que están lejos; para cuantos el Señor nuestro Dios llamare.* ».

B. **Condición de hijo.** Gálatas 4:6: «*Por cuanto sois hijos, Dios envió a vuestros corazones el Espíritu de su Hijo*».

C. **Deseo.** Juan 7:37-39, Isaías 44:3

D. **Fe.** El Espíritu Santo es dado a los que creen Juan 7:39.

E. **Obediencia.** Dios da el Espíritu Santo a los que le obedecen Hechos 5:32.

F. **Oración.** El espíritu es dado a través de la oración. Lucas 11:9-13

G. **Pidiéndolo.** El Espíritu Santo es dado a los que lo pidan Hechos 4:31.

RESULTADOS DE SER LLENO DEL ESPIRITU

A. **Poder para testificar.** Es una manifestación poderosa de un santo lleno del Espíritu (Hechos 1:8).

E. **Poder para soportar las pruebas.** *Y convinieron con él; y llamando a los apóstoles, después de azotarlos, les intimaron que no hablasen en el nombre de Jesús, y los pusieron en libertad. Y ellos salieron de la presencia del concilio, gozosos de haber sido tenidos por dignos de padecer afrenta por causa del Nombre. Hech.5:40-41*

Después de haberles azotado mucho, los echaron en la cárcel, mandando al carcelero que los guardase con seguridad. El cual, recibido este mandato, los metió en el calabozo de más adentro, y les aseguró los pies en el cepo; pero a medianoche, orando Pablo y Silas, cantaban himnos a Dios; y los presos los oían. Entonces sobrevino de repente un gran terremoto, de tal manera que los cimientos de la cárcel se sacudían; y al instante se abrieron todas las puertas, y las cadenas de todos se soltaron. Hech.16:23-26

F. **Poder para orar por los enfermos.** *Hech.9:1 Y hacía Dios milagros extraordinarios por mano de Pablo, de tal manera que aun se llevaban a los enfermos los paños o delantales de su cuerpo, y las enfermedades se iban de ellos, y los espíritus malos salían.* **Hech.19:11-12**

G. **Poder para testificar en público.** *Cuando hubieron orado, el lugar en que estaban congregados tembló; y todos fueron llenos del Espíritu Santo, y hablaban con denuedo la palabra de Dios. 33 Y con gran poder los apóstoles daban testimonio de la resurrección del Señor Jesús, y abundante gracia era sobre todos ellos. Hech.4:31,33*

La llenura del Espíritu Santo nos ayudará a vivir una vida cristiana victoriosa. Este es un requisito indispensable para toda vida santa.

Conclusión:

Debemos rebozar. Recuerde, la llenura no es una experiencia de una vez en la vida. Debe repetirse diariamente. **Las bendiciones deben derramarse.** Primero la conversión, luego ser llenos y rebozar del Espíritu Santo.

34 Temas Que Producirán Un Liderazgo De Éxito

Tema No. 22

Las Funciones
De Un Líder Mentor
(Efe.5:18)

Introducción:

Cuando alguien desea trabajar y funcionar como líder o mentor, debe cruzar la línea de discípulo a mentor y, de seguidor a líder. Este es el momento de dejar de ser solo recibidores para llegar a ser dadores, pasar de ser espectadores a ser actores. Para que esto ocurra necesitamos un cambio básico de mentalidad.

 **¿Quien es un mentor?**

A. Mentor es uno que enseña por palabras y por ejemplo a sus discípulos.

Mar.1:17 Y les dijo Jesús: Venid en pos de mí, y haré que seáis pescadores de hombres. 1Cor.4:16

Sed imitadores de mí, así como yo de Cristo.; Fil.3:17 Hermanos, sed imitadores de mí, y mirad a los que así se conducen según el ejemplo que tenéis en nosotros.

Por tanto, os ruego que me imitéis. 1Cor.11:1 Los discípulos imitan al mentor, como el mentor imita a Jesús.

B. Un mentor del reino es aquel que tiene la habilidad y la gracia del Espíritu Santo para guiar e influenciar el destino de otros a través del ejemplo, del servicio, la fe y por medio de oír a Dios; además, es inspirado por una visión divina e impulsado por una pasión nacida de un propósito eterno.

C. Dios nos da la oportunidad de llegar a ser líderes y mentores del reino, para lo mas preciado que tiene: su pueblo; y nos da con ello la habilidad para influenciar sus vidas con efecto eterno. Por eso los discípulos nos imitan y nos siguen; ¡Que gran responsabilidad y que gran privilegio nos ha dado el Señor!

Las Funciones de un líder mentor

1. Enseñar, entrenar, preparar a los hombres para que sirvan y sean guerreros en el reino de Dios.
2. Madurar y equipar a sus discípulos en su carácter y dones, para que ellos hagan lo mismo con otros.
3. Supervisar semanalmente las células a su cargo.
4. Prepararse en oración y estudio de la palabra antes de dar la enseñanza o clases en los hogares.
5. Estar comprometidos a multiplicar sus discipulados y sus grupos para dar fruto en el reino.

A. ¿Cuáles son los problemas que se encuentran en los nuevos alumnos discipulados?

- La falta de compromiso con la visión y con Dios
- Discípulos de mantenimiento constante
- Discípulos pasivos que no quieren pagar el precio, ni hacer ningún sacrificio por el reino
- Discípulos judas traidores
- Discípulos inmaduros que dejan todo tirado cuando tienen problemas

B.   ¿Cuáles son las cualidades de un líder mentor?

1. Actitud positiva: una mentalidad de resolver y de trabajar con seguridad.
2. Conocimiento: capacidad de aplicar la sabiduría dada por Dios
3. Oración y estudio de la palabra
4. Intrepidez: audacia, valentía.
5. Capacidad de tomar decisiones. Cuatro llaves para tomar decisiones:
    - Sea valiente
    - Muévase rápido una vez recibida toda la información importante
    - Rodéese de la gente sabía que pueda darle un buen consejo
    - Mire hacia a delante o el futurario
6. Autoestima sana
7. Identidad: saber que somos hijos, herederos y ciudadanos del reino.
8. Sentido del humor.
9. Iniciativa propia: el líder discierne lo que se necesita y actúa.
10. Excelencia: aunque ella cueste tiempo, dinero y trabajo.
11. Habilidades de ejecución: El líder lleva a cabo las cosas y las termina.

12. Persistencia: la habilidad de sufrir pruebas y dificultades por largo tiempo sin perder la calma y permanecer animado y gozoso.
13. Espíritu enseñable.
14. Rendir cuentas.
15. Aprendizaje continuo.
16. Auto motivación. 1Sam.30:6

    Algunas maneras de auto motivarse

    - Desarrollar una relación íntima con el Espíritu Santo
    - Recibir mensajes de Dios por medio de leer la Escritura
    - Recordar otros problemas de los cuales Dios le ha liberado
    - Hacer las confesiones correctas
    - Escuchar casetts o CDs de prédicas
    - Escuchar la música correcta para el tiempo correcto
    - Evitar gente negativa

17. Afirmación: El líder anima y afirma a la gente a su alrededor.
18. Corrección en amor: El líder corrige en amor cuando la gente falla
19. Flexibilidad al cambio: no se asuste cuando el cambio fluya por el crecimiento

20. Pasión por el reino: la misma pasión que arde en el corazón de Dios
21. Integridad: la integridad produce confianza, la confianza genera influencia y la influencia liderazgo.

Conclusión:

Esto es lo que nos ayuda a crecer, a salir de lo ordinario a lo extraordinario, a salir del montón, a ser como Jabes " Un líder nunca deja de soñar, nunca abandona el deseo de crecer, un líder tiene iniciativa para hacer lo que cree y creer en lo que hace, un líder balancea sus sueños con la realidad para fijarse objetivos concretos"

34 Temas Que Producirán Un Liderazgo De Éxito

Tema No. 23

Los Tres Llamados De Dios

Introducción:

En la vida de todo estudiante, hay que pasar por varias etapas para poder recibir su doctorado.

De igual manera también, Dios es el que llama y el hombre es quien responde; Dios es quien busca, y el hombre quien es hallado. La vida cristiana consiste en una serie de llamados que se originan en Dios.

Los llamados de Dios son varios y, cada uno de ellos representa una etapa de su peregrinación espiritual; son peldaños que le llevan a la perfección, son períodos de crecimiento y maduración. **_Efesios 4:16_** *de quien todo el cuerpo, bien concertado según la actividad propia de cada miembro, recibe su* **crecimiento** *para ir edificándose en amor.*

EL LLAMAMIENTO DE DIOS A LA SALVACIÓN (Isa. 1:18)

A. Son muchos los pasajes de la Biblia que hablan del llamamiento a la salvación que Dios extiende:
- *"Mirad a mí, y sed salvos, todos los términos de la tierra, porque yo soy Dios, y no hay más" (Is. 45:22).*

- *"Venid a mí todos los que estáis trabajados y cargados, y yo os haré descansar.*

- *Llevad mi yugo sobre vosotros, y aprended de mí que soy manso y humilde de corazón; y hallaréis descanso para vuestras almas" (Mt. 11:28, 29).*

- *"Venid luego, dice Jehová, y estemos a cuenta: si vuestros pecados fueren como la grana, como la nieve serán emblanquecidos; si fueren rojos como el carmesí, vendrán a ser como blanca lana" (Is. 1:18).*

B. Dios llama con ciertos fines específicos, por ejemplo:
1. El llamamiento de Dios a la salvación significa un llamado de las tinieblas a su luz, (1 Pedro 2:9).
2. Nos llama para que tengamos la esperanza de la salvación, Hech.13:47
3. Especialmente nos llama para que alcancemos la vida eterna. Efe.2:12; 1Tes.4:13

C. El llamamiento a la salvación es uno de los llamados más urgentes porque está de por medio el destino eterno del alma. La urgencia del llamado a la salvación la vemos en textos como:

- *"Si oyereis hoy su voz, no endurezcáis vuestros corazones" (He. 3:8).*

- *Y con otras muchas palabras testificaba y les exhortaba, diciendo: Sed salvos de esta perversa generación. Hech. 2:40*

- *Pedro les dijo: Arrepentíos, y bautícese cada uno de vosotros en el nombre de Jesucristo para perdón de los pecados; y recibiréis el don del Espíritu Santo. Hach.2:37-38*

- *"He aquí, yo estoy a la puerta y llamo; si alguno oye mi voz y abre la puerta, entraré a él, y cenaré con él, y él conmigo" (Ap.3:20).*

EL LLAMAMIENTO DE DIOS A LA SANTIDAD Tito 2:11-12

A. La vida cristiana implica un estilo de vida a la santidad. El Dios que llama a la salvación, también nos llama a la santidad.

1. Dios no nos llama nada mas para perdonar los pecados y dar la esperanza de la vida eterna; nos llama también para que seamos santos, o sea, un estilo diferente en nuestra forma de vida.

B. Evidencias bíblicas:

1. Rom.1:7 *a todos los que estáis en Roma, amados de Dios, <u>llamados a ser santos.</u> . . ".* Nótese en este pasaje que el apóstol se refiere a los romanos como personas a quienes Dios había llamado para que fueran salvas, pero también habían sido llamadas para que fueran santos.

   Nadie puede ser de Jesucristo y vivir en el pecado, y nadie puede vivir en santidad a menos que se encuentre en Jesucristo.

2. 1Corintios 6:9-11. *¿No sabéis que los injustos no heredarán el reino de Dios? No erréis; ni los fornicarios, ni los idólatras, ni los adúlteros, ni los afeminados, ni los que se echan con varones, ni los ladrones, ni los avaros, ni los borrachos, ni los maldicientes, ni los estafadores, heredarán el reino de Dios. Y esto erais algunos; mas ya habéis sido lavados, ya habéis sido santificados, ya habéis sido justificados en el nombre del Señor Jesús, y por el Espíritu de nuestro Dios.* Nótese que la carta está dirigida a una congregación, una iglesia, y esta la integraban aquellos que Dios había perdonado en Cristo Jesús, los cuales había llamado Dios para que fuesen santos.

C. Vivimos en días en que es popular ser cristiano, ser carismático, ser apostólico pentecostal. De la noche a la mañana nos encontramos con personas que testifican haber tenido una experiencia de una conversión. Sin embargo aunque hay entusiasmo, no hay cambios en el fondo.

Todos debemos de ver la santidad como una belleza, como una hermosura y no como una carga.

- *"Tu pueblo se te ofrecerá voluntariamente en el día de tu poder, en la hermosura de la santidad" (Sal. 110:3).*

- *Como hijos obedientes, no os conforméis a los deseos que antes teníais estando en vuestra ignorancia; sino, como aquel que os llamó es santo, sed también vosotros santos en toda vuestra manera de vivir; porque escrito está: Sed santos, porque yo soy santo. Vea también: 1Ped.1:14-16, 2Cor. 6:14-17; Lev.20:7-8.*

⊙ EL LLAMAMIENTO DE DIOS AL SERVICIO
Sal.100:2

A. Los grandes hombres de la Biblia lo fueron por causa de su servicio a Dios y no solo por su espiritualidad. Dios no llama solo a la salvación y a la santidad, también llama para que le sirvamos. *Hebre.6:10*

B. Dios no espera que seamos piezas decorativas, ni adornos en su reino; Dios no se conforma con que seamos simples espectadores de lo que Él y sus siervos hacen.
- Dios llamó a Abraham para que saliera de la tierra de Ur de los Caldeos, y le asignó una misión de servicio
- llamó a Moisés en el desierto para que fuera el libertador de su pueblo; *"Ven, por tanto, ahora, y te enviaré a Faraón, para que saques de Egipto a mi pueblo, los hijos de Israel" (Ex. 3:10)*
- llamó a Josué para que introdujera a su pueblo en la tierra prometida; *Esfuérzate y sé valiente; porque tú repartirás a este pueblo por heredad la tierra de la cual juré a sus padres que la daría a ellos. Jos.1:6*
- Llamó al joven Sansón para que liberara a Israel de la mano de Madian
- Llamó a sus apóstoles para que predicaran su evangelio. También él nos ha llamado a cada uno para que desarrollemos una misión específica

C. Posiblemente uno se ve confrontado con razones por las cuales se tiene que cruzar de brazos, pero si uno quiere alcanzar los triunfos que debe alcanzar, es necesario que marche hacia la victoria.

1. Para servir contentos a Dios, uno tiene que tener una experiencia profunda con Él, de esta forma uno se animará a servirle incondicionalmente.

D. **El servicio a Dios es una de las mejores armas contra muchos de los problemas que la gente tiene:** la razón por la cual mucha gente vive pensando en sus problemas, deprimiéndose y llenándose de ansiedad, es porque no dedican su tiempo para servir a Dios.

1. A muchas personas la ociosidad les da mucho tiempo para pensar, y cuando uno tiene mucho tiempo asi, pasa pensando cosas negativas.

E. ¿Qué se necesita para servir a Dios? Dios no requiere que uno tenga mucho talento: lo único que Dios demanda es que seamos fieles con lo poco que tenemos; de esa manera, no solo estaremos activos haciendo algo constructivo, sino que dejaremos de hacer cosas negativas. (*Alguien ha dicho que una mula no puede patear mientras jala y, no jala mientras está pateando*).

1. Nadie es problemático, si está entregado al servicio; pero una vez que deja de servir, el diablo toma ocasión para convertirle en persona problemática.

Conclusión:

Definitivamente, Dios llama: primero, a la salvación; segundo, a la santidad y, tercero al servicio. ¿Cómo responderemos a cada uno de estos llamamientos? ¿En qué etapa de su vida se encuentra usted hoy?

1. Le aseguro que la voluntad de Dios es llamar hoy a alguien al arrepentimiento
2. La voluntad de Dios es llamar otro grupo a crecer en su santidad.
3. Hay otro grupo que seguramente Dios está llamando para servir en algún ministerio de su reino, no se endurezca. En cualquier etapa que pueda encontrarse, Dios desea que avance y tome hoy una decisión.

34 Temas Que Producirán Un
Liderazgo De Éxito

Tema No. 24

Manejando Las Presiones Positivamente

2 Corintios 1:8-10

Introducción:

El éxito a la larga, es la habilidad de manejar las presiones de una forma positiva. Desafortunadamente hay muchos líderes que pierden el equilibrio o, pierden el testimonio cuando las cosas se ponen difíciles.

Cant.2:15 *Cazadnos las zorras, las zorras pequeñas, que echan a perder las viñas; Porque nuestras viñas están en cierne.* Ecle.10:1 *Las moscas muertas hacen heder y dar mal olor al perfume del perfumista; así una pequeña locura, al que es estimado como sabio y honorable.*

LOS GRANDES HOMBRES FUERON EXPUESTOS A LA PRESIÓN

1. El Señor Jesús fue expuesto a la presión después de su bautismo. *Entonces Jesús fue llevado por el Espíritu al desierto, para ser tentado por el diablo.* (Mat. 4:1)
2. El apóstol Pablo fue presionado desmedidamente, *porque hermanos, no queremos que ignoréis acerca de nuestra tribulación que nos sobrevino en Asia, - pues fuimos abrumados sobremanera más allá de nuestras fuerzas, de tal modo que perdimos la esperanza de conservar la vida. (2 Corintios 1:8)*
3. La iglesia primitiva fue grandemente perseguida, por lo cual aprendieron a orar con fervor. *Y Saulo consentía en su muerte. En aquel día hubo una gran persecución contra la iglesia que estaba en Jerusalén; y todos fueron esparcidos por las tierras de Judea y de Samaria, salvo los apóstoles.* Hech.8:1, *Así que Pedro estaba custodiado en la cárcel; pero la iglesia hacía sin cesar oración a Dios por él.* Hec. 12:5
4.- José fue presionado por sus hermanos, por la esposa de Potifar y por la prisión egipcia. Gen.37:4, Gen.39:20, Gen.40:23
5. Job fue inundado por las inmensas olas de la presión. Job. 2:3

LOS FRUTOS DE LA PRESIÓN:

A. *2Cor.4-17 Porque esta leve tribulación momentánea produce en nosotros un cada vez más excelente eterno peso de gloria.* Considere lo siguiente.
   - La presión producirá resultados positivos si reaccionamos correctamente ante ella
   - La presión es permitida por Dios en su proceso formador
   - La presión va a probar la elasticidad y resistencia de cualquier hombre
   - La presión nos enseña a confiar en Dios

B. Cada uno de nosotros como líderes deberemos aceptar esta verdad que Dios usa para madurar nuestras vidas: **"Debo manejar correctamente la presión"** En el nombre de Jesús...

ILUSTRACIÓN: En la costa oeste de Canadá, la pesca del "cod" casi ha sido destruida debido a la mucha pesca. Su sabor y textura ha producido un abundante mercado alrededor del mundo. Las demandas del público trajeron también ciertos problemas para el pescado. Congelándolo perdía su sabor, y aun cuando se le embarcaba en tanques de agua salada y, a un vivo, el pez perdía su textura. Alguien encontró la solución: Poner bagre su enemigo natural en los barriles, los tanques de agua salada. Durante el envío. El cod estaba constantemente siendo perseguido. Al final de la jornada la textura y el sabor tuvo una gran mejora. **Cuando no hay presión, hay tendencias a bajar.**

C. **Aprendiendo la lección.** Todos nosotros necesitamos la presión unos cuantos bagres ¡para que nos ayuden a estar alertas!

1. Una bandera ondeará solamente si es azotada por el viento
2. Un papalote para que se eleve necesita la fuerza del viento
3. Las uvas solo producirán vino si son presionadas
4. El oro solo tendrá su mejor valor después que pase por el horno de fuego
5. Los músculos empujando contra fuerzas opuestas producirán nuevos tejidos, más músculos

D. No pelee contra la presión... acéptela... déjela que forje carácter en su vida, déjela que le eleve a nuevas alturas. *(2 Cor. 12: 9-10 Y me ha dicho: Bástate mi gracia; porque mi poder se perfecciona en la debilidad. Por tanto, de buena gana me gloriaré más bien en mis debilidades, para que repose sobre mí el poder de Cristo. Por lo cual, por amor a Cristo me gozo en las debilidades, en afrentas, en necesidades, en persecuciones, en angustias; porque cuando soy débil, entonces soy fuerte.)*

DEJEMOS QUE LA PRESIÓN PRODUZCA ORACIÓN

A. Ejem. El matrimonio de Juan Weslev es uno de los más gravosos en la historia de la iglesia- Su esposa lo atormentó extremadamente; él dijo lo siguiente: "La mayoría de mi éxito se lo atribuyo a mi esposa..." Ella lo mantuvo sobre sus rodillas. Si no hay presiones no hay rodillas dobladas.

B. La presión de la cruz empujó al Señor Jesús al jardín, de Getsemani, a Josafat, a Pablo y Silas, a Esequías, Ana, a Jacob y todos ellos a la oración.

C. La oración...
   1. Rebaja la fuerza del fuego de la prueba.
   2. Imparte tranquilidad al corazón atribulado.
   3. Apaga las guerras.
   4. Frenó la furia de los leones.
   5. Rescató la ciudad de Nínive.
   6. Rompió las cadenas de la muerte. *Sal.107: 13 Luego que clamaron a Jehová en su angustia, Los libró de sus aflicciones; 14 Los sacó de las tinieblas y de la sombra de muerte, Y rompió sus prisiones.*
   7. Abrió las puertas de la cárcel de Filipo.
   8. La oración es la avenida a través de la cual Dios alivia la presión. La vida está llena de corrientes de presión. A veces por dentro, y a veces fuera. Muchos han perdido el equilibrio durante esos tiempos de presión.

LA OPRESIÓN LO VA A DESTRUIR SI NO SE MOTIVA USTED MISMO.

A. Esto fue lo que hizo David en Siclag: **David**. casi se rinde bajo la tremenda presión; nadie lo quería, nadie lo amaba, todos lo rechazaban, seguro que David sintió que se le abrió la tierra. *Y David se angustió mucho, porque el pueblo hablaba de apedrearlo, pues todo el pueblo estaba en amargura de alma, cada uno por sus hijos y por sus hijas; mas David se fortaleció en Jehová su Dios. 1 Sam. 30:4-6*

B. De la misma manera, el cristiano tiene que tener la habilidad de:
- Predicarse a sí mismo
- Cantar para sí mismo
- Reírse de sí mismo
- Motivarse a sí mismo
- Levantarse a sí mismo

Conclusión:

La mayoría de cosas están hechas para la presión. Es como manejamos esa presión lo que realmente hará la diferencia.

Es necesario que todos podamos decir como dijo Pablo: *Pero nosotros no somos de los que retroceden para perdición, sino de los que tienen fe para preservación del alma Hebreos.10:39.* Yo lo puedo hacer, voy a resistir.

Efe.6: 10 Por lo demás, hermanos míos, fortaleceos en el Señor, y en el poder de su fuerza. 11 Vestíos de toda la armadura de Dios, para que podáis estar firmes contra las asechanzas del diablo.

34 Temas Que Producirán Un Liderazgo De Éxito

Tema No. 25

¿Qué Aprendemos De Las Pruebas?

(Romanos 8:28)

Introducción:

El diccionario Western da esta definición: «es la acción y efecto de probar para hacer patente la verdad o falsedad de una cosa». Dios prueba y permite que el creyente sea probado. El Señor nos permite pasar por ciertas etapas en la vida. Cada creyente debe saber que cada prueba nos ayudará al crecimiento espiritual.

CUÁL ES EL VERDADERO FIN DE LAS PRUEBAS... DIOS

A. *1 Pedro 1:6-7.* Dios usa las pruebas, en ocasiones para llamar nuestra atención y enseñarnos a través de esas experiencias, el camino recto de su voluntad. No tenga temor porque su sabiduría nos ayuda a responder a estas presiones en la vida. Pregúntese:

1. ¿Qué quiere Dios que yo aprenda en este proceso de prueba?

2. ¿Qué es lo bueno que puede venir a mi vida de esta mala intención?

B. Dios nos pone a prueba a fin de demostrar nuestra fuerza. Él quiere mostrarnos lo fuertes que somos cuando dependemos de Él. *Fli.4:13*

DIOS NOS PONE A PRUEBA

A. En cada prueba aprendemos a depender más de Dios y a conocernos a nosotros mismos.

1. **Sal.11: 5** *Jehová prueba al justo; Pero al malo y al que ama la violencia, su alma los aborrece.*

2. **17: 3** *Tú has probado mi corazón, me has visitado de noche; Me has puesto a prueba, y nada inicuo hallaste; he resuelto que mi boca no haga transgresión.*

3. **Zac.13: 9** Y meteré en el fuego a la tercera parte, y los fundiré como se funde la plata, y los probaré como se prueba el oro. El invocará mi nombre, y yo le oiré, y diré: Pueblo mío; y él dirá: Jehová es mi Dios.

4. **Luc.8: 13** Los de sobre la piedra son los que habiendo oído, reciben la palabra con gozo; pero éstos no tienen raíces; creen por algún tiempo, y en el tiempo de la prueba se apartan.

5. **Sant.1: 12** Bienaventurado el varón que soporta la tentación; porque cuando haya resistido la prueba, recibirá la corona de vida, que Dios ha prometido a los que le aman.

6. **1Ped.4: 12** Amados, no os sorprendáis del fuego de prueba que os ha sobrevenido, como si alguna cosa extraña os aconteciese, 13 sino gozaos por cuanto sois participantes de los padecimientos de Cristo, para que también en la revelación de su gloria os gocéis con gran alegría. 14 Si sois vituperados por el nombre de Cristo, sois bienaventurados, porque el glorioso Espíritu de Dios reposa sobre vosotros. Ciertamente, de parte de ellos, él es blasfemado, pero por vosotros es glorificado.

7. **Apoc.2: 10** No temas en nada lo que vas a padecer. He aquí, el diablo echará a algunos de vosotros en la cárcel, para que seáis probados, y tendréis tribulación por diez días. Sé fiel hasta la muerte, y yo te daré la corona de la vida.
8. **Job.23: 10** Mas él conoce mi camino; Me probará, y saldré como oro.

 LOS MÉTODOS QUE DIOS USA PARA PROBARNOS

A. Dios exigió un sacrificio personal a Abraham (Génesis 22:1-3).
B. Dios nos envía por sendas difíciles (Deuteronomio 8:2,3).
C. Dios se tarda en responder a nuestras necesidades y oraciones (Salmo 13:1,2; Juan 11:5-6, 21, 40-44).
D. La enseñanza es que Dios quiere que aprendamos a ser pacientes a través de las pruebas. *Romanos 5:3; Santiago 1:2, 3.* Dios quiere que aprendamos a ser obedientes a El y a su Palabra *Hebreos 5:8.* Aprendemos a esperar y así Dios nos prepara para su obra.

Conclusión:

¿Estás pasando por alguna prueba? No te desanimes, Dios no te ha dejado, Él te ayudará. Abraham fue grandemente bendecido después de la prueba (Génesis 22:16-18). También Job fue bendecido en gran manera después de la prueba (Job 42: 10-16).

34 Temas Que Producirán Un Liderazgo De Éxito

Tema No. 26

Seis Metas Para Un Líder Exitoso

Introducción:

Si usted desea ser un líder exitoso en su ministerio de célula, es necesario que aprenda cuáles son los elementos para ser un líder exitoso. El sueño de todo líder es tener éxito. El líder desea que las personas continúen en su célula; desea que los amigos conozcan al Señor Jesucristo y sean fieles a lo largo de sus vidas.

LOS SEIS ELEMENTOS MÁS IMPORTANTES DEL ÉXITO CELULAR

1. Ellos oran por su célula

Se entrevistaron 70 líderes exitosos de células pertenecientes a las 8 iglesias más grandes del mundo. Como resultado se encontró que existe una clara relación entre el tiempo que un líder dedica a la oración y el éxito de multiplicar su célula

Los líderes efectivos hacen de la oración su prioridad.
La oración es el primer elemento para que un líder tenga éxito. Al comparar la oración con otras actividades que el líder puede hacer para fortalecer su célula, se encuentra que la oración es el elemento más importante.

a. Si el líder ora diariamente por los miembros de su célula, tendrá mayores resultados.
b. Amplíe su oración diaria por los miembros de su célula. Su efecto como líder no se tardará.
c. El trabajo de preparación para la célula, debe cesar para usted como líder al menos media hora antes de su inicio.
d. Debe dedicar al menos media hora en la soledad ante Dios en oración, pidiendo la llenura del Espíritu Santo.

2. Ellos estudian adecuadamente las guías

a. **Estudiar la guía con anticipación:** Para ser un líder exitoso, se necesita preparar adecuadamente la guía. Un actor o cantante antes de subir al escenario ha repasado su drama o canción muchas veces.
b. Lo ideal es, que todo líder comience a preparar su enseñanza con una semana de anticipación.
c. Si el líder estudia la guía con anticipación, (por si hay cosas que no comprende) entonces tendrá tiempo de consultar sus dudas con su supervisor o su pastor.
a. Si el estudio de la guía se deja para última hora, se verá en problemas al momento de la reunión. *2 Tim.2:15 Procura con diligencia presentarte a Dios aprobado, como obrero que no tiene de qué avergonzarse, que usa bien la palabra de verdad.*

3. Ellos aprenden a escuchar y a tratar bien a sus invitados.

Todos preferimos los lugares donde nos sentimos cómodos y bien tratados.
a. Aprenden a ser amable y no seco. Los amigos solamente volverán a su célula, si los hace sentir bien.
b. Recíbalos con mucha alegría y se sentirán bien.
c. La mayor parte de las personas asisten a las células porque tienen necesidades profundas. Escuche y ayude a sus invitados a resolver sus dilemas, dándoles orientación.
d. No finja escuchar, óigalos con verdadera atención.

4. Ellos hacen su trabajo con entusiasmo.

Quizá usted se siente muy nervioso pero no lo de a conocer. Muestre entusiasmo por su trabajo. A todos nos gusta escuchar una persona entusiasta, sonriente y positiva que muestre esperanza.

¡El pueblo de Dios debería ser la gente más feliz del mundo! Debemos estar emocionados de servir a Dios. La Escritura dice: *"fervientes en espíritu, sirviendo al Señor.'* Rom.12:11

- ¿Esas palabras lo describen a usted?
- ¿Está fervientemente sirviendo al Señor?
- Al despertar por la mañana, ¿enfrenta cada día con fervor?
- ¿Está emocionado por su grupo?
- ¿Estoy atrayendo personas a Dios por medio de mi gozo, mi amabilidad, mi entusiasmo y mi actitud de fe?

5. Ellos Buscan crecer en todo tiempo

Hay un dicho que dice: Cuando el hombre deja de crecer, empieza a morir. Cuando usted escucha a alguien decir: ¿Qué me van a enseñar a mí? Le aseguro que esa persona está muriendo.

a. Asista a las reuniones de entrenamiento para líderes.

b. Busque cada oportunidad que pueda para añadir sabiduría a su corazón.

> *Prov.4:7-9 Sabiduría ante todo; adquiere sabiduría; Y sobre todas tus posesiones adquiere inteligencia. 8 Engrandécela, y ella te engrandecerá; Ella te honrará, cuando tú la hayas abrazado. 9 Adorno de gracia dará a tu cabeza; Corona de hermosura te entregará.*
>
> *Ecle. 12:9-10 Y cuanto más sabio fue el Predicador, tanto más enseñó sabiduría al pueblo; e hizo escuchar, e hizo escudriñar. 10 Procuró el Predicador hallar palabras agradables, y escribir rectamente palabras de verdad.*

c. Asista a nuevos seminarios, escuche C.D., lea libros de liderazgo, libros que le informen de células. A muchos líderes y pastores se les caen las células porque una vez que pusieron grupos no vuelven a leer o a asistir un seminario.

d. Si en el sistema celular hay algo que no entiende, pregunte a otros pastores, pregunte a su líder superior.

6. Ellos son reproductores de nuevos Líderes

Aprenda a ver a cada uno de los miembros como un líder en potencia.

- Mientras que la gente miraba a Mateo como un odioso recaudador de impuestos, Jesús lo miraba como uno de sus apóstoles.
- Mientras que las personas miraban a Saulo como un perseguidor y asesino, Jesús lo mira como el evangelista mas grande de la historia del cristianismo.

- Mientras que todos miraban a David como un simple pastor, Samuel lo miró como el rey de Israel.
- El líder que usted necesita está ahí, en su grupo, solo hay que trabajarlo. Dedíquele un poco de tiempo, llévelo al seminario de capacitación para nuevos líderes .

RESUMIENDO SEIS ELEMENTOS IMPORTANTES PARA UNA CÉLULA

1. Ellos estudian el bosquejo con anticipación
2. Ellos tratan bien a sus invitados y aprenden a escucharlos
3. Ellos hacen su trabajo con entusiasmo
4. Ellos buscan crecer en todo tiempo
5. Ellos son reproductores de nuevos Líderes
6. Ellos oraran por su célula

Conclusión:

PARA REFLEXIONAR

1) ¿Qué cosas nuevas aprendió del tema de hoy?
2) ¿Qué comenzará a practicar esta semana?
3) ¿Cuál de los seis elementos son los más necesarios para tener éxito en mi célula?.

34 Temas Que Producirán Un Liderazgo De Éxito

Tema No. **27**

Una Celebración Brillante

Introducción:

Las celebraciones del Bicentenario de la Independencia Nacional recientemente realizadas en la ciudad de México obtuvieron una nota de excelencia. Cuatro factores fundamentales aseguraron su brillo y éxito general: su buena organización, el cumplido compromiso y responsabilidad de las autoridades, la seguridad reinante y, la excepcionalmente entusiasta participación general. Todo esto demuestra que, cuando se pone empeño y se hacen valer estas virtudes, los proyectos se ejecutan satisfactoriamente y los resultados dejan a todos contentos.

Para tener una celebración brillante, la calidad debe de reinar en estos cultos, la belleza de cada servicio debe ser el resultado de horas de planificación. Se requiere de horas de preparación sacrificada para lograr estos cultos de celebración excelentes. Hay tres características de una celebración eficaz.

A. **Inspiradora:** Los sinónimos incluyen lo siguiente: estimulante, alegre, excitante, refrescante, apropiada, vigorizadora y divertida. Que las expresiones de alegría se extiendan como reguero de pólvora por la sala de conferencias.

B. **Bien planificado:** Debe haber una calidad de orden por todas partes. ¡La adoración debe ser algo emocionante!

   1. El Espíritu Santo hace un culto excitante, pero Él espera que nosotros planifiquemos diligentemente.

   2. La frase «*bien planificado*» no se refiere exclusivamente al culto, sino también a los organizadores, todo el personal desde los ministros de altar, los que saludan en la puerta, los maestros de niños, los anuncios de la iglesia, los coros y la música especial; toda la atmósfera en general.

C. **Predicación poderosa:** Por encima de todo, la predicación llena del Espíritu, es la norma en estas iglesias celulares. Después de oír la palabra, los miembros de la iglesia parten satisfechos.

Reciben un sermón de primera clase, y el pastor aplica la Palabra de Dios a los problemas prácticos. El pastor general acepta la responsabilidad mayor de predicar la palabra. El tamaño mismo de algunas de estas iglesias obliga al pastor principal a compartir a veces esta responsabilidad.

En el culto de celebración el pastor debe usar la palabra para alentar a los visitantes no la vara para reprenderles. (*El domingo es para pescar entre semana para limpiar el pez*).

En el culto de celebración debemos evitar los servicios largos y rutinarios, todo debe ser muy cuidadoso y bien planeado con anticipación, nadie debería improvisar un especial porque a última hora se le ocurrió.

LA CÉLULA NO ES MÁS IMPORTANTE QUE LA CELEBRACIÓN.

1. En ocasiones las células están caminando muy bien pero, cuando los invitados de la célula llegan a la iglesia, se encuentran con la gran piedra de tropiezo a causa de cultos aburridos y sin planificar que ofrecen a las visitas.

2. La meta del líder de la célula no sólo es aumentar su grupo celular, sino también asegurar que todos los miembros de la célula asistan al culto de celebración el dia Domingo para oír la predicación de la Palabra y para participar juntamente de las ordenanzas.

3. La célula y la celebración son importantes: La célula proporciona intimidad y compañerismo, cuidado pastoral personal e individual. La celebración es el liderazgo en movimiento, para servir juntos y así recoger la cosecha esperada.

CADA CÉLULA DEBE COMPARTIR LA MISMA VISIÓN DE LA IGLESIA MADRE

A. Las iglesias celulares requieren sumo cuidado. Para garantizar que cada célula comparta la misma visión, ellas proporcionan las lecciones escogidas por su pastor. Aunque cada iglesia usa un estilo o estructura diferente para impartir la lección, sin excepción, el mensaje indicado por el pastor siempre es la base.

B. Proporcionar las lecciones para la célula, ayuda a mantener la pureza de la iglesia y alivia la presión del líder de la célula. De este modo, los líderes celulares pueden concentrarse el resto de la semana en el tema que corresponde.

C. Todo lo que se haga en sus cultos debe ser excelente. La predicación clara, y relevante; nadie puede estar aburrido en ningún momento. La Iglesia del pleno evangelio en Corea, ofrece un culto de celebración semanal que es verdaderamente ejemplar y tan poderoso como sus células.

- El culto de la celebración en la Iglesia del Pleno Evangelio es una combinación estupenda de fervor, himnos juveniles y tradicionales, todos vestidos, uniformemente y predicación sana
- En cada culto hay un coro diferente con túnicas de colores vivos y combinados; un conductor dirige la orquesta y el coro

- En esta iglesia el culto de adoración es muy agradable, con alta tecnología y sumamente bien organizado
- En la iglesia del evangelio completo la predicación es bíblicamente sana. Con respecto a la predicación del pastor Cho, se escribió lo siguiente: Cho es uno de los mejores predicadores de nuestros tiempos
- En esta iglesia todos oran juntos en forma simultánea durante los cultos de celebración. ¡Qué alegría oír finalmente miles de voces levantadas al unísono al trono de Dios! Oraciones diligentes (a menudo en lenguas) ascienden al trono simultáneamente

YO TENGO UNA IGLESIA MUY PEQUEÑA, ESTAS SON SOLO EXCUSAS

A. El tamaño promedio de la iglesia en EE.UU. de Norteamérica es entre 50 y 75 personas. Es difícil celebrar cuando hay tantos asientos vacíos y, sí. Una congregación grande ayuda para que la celebración sea dinámica, y festiva, pero hay algo importante: las iglesias más grandes en el mundo empezaron siendo pequeñas con una dinámica: **La excelencia**.

Si las iglesias tratan de hacer lo mejor con lo que tienen, Dios les dará más. Concéntrese en la frase «**excelencia en la calidad**». Dios no está pidiendo a ninguna otra iglesia que sea como la Iglesia del pleno evangelio; Él está pidiendo que todas las iglesias hagan lo mejor en su situación particular.

B. Algunas indicaciones.

- Primero, invite a Jesús a través de la oración para hacer que cada culto de adoración sea excelente y dinámico.
- Segundo, planifique el culto de la celebración en detalle desde, los ujieres, maestros de niños, los músicos ext.
- Tercero, prepare el sermón como si estuviera predicando a 5,000. Dios hará el resto. Él traerá la cosecha.

CADA VISITA DEBE SER INVITADA AL SISTEMA CELULAR

A. Con una celebración brillante decenas de personas pasarán al frente todas las semanas para recibir a Cristo. Cada visita inmediatamente debe ser invitada al sistema celular. Recuerde la palabra **excelente,** estos deben ser servicios bien preparados: Ujieres, maestros, sonido, luces, aire y sobre todo que el personal use toda la gentileza posible, cada miembro bien vestido y con una bella sonrisa en su rostro.

1. La mayoría de las iglesias celulares, no se limitan a las conversiones solo en los hogares. El culto de la celebración el domingo también ofrece oportunidades excitantes para recoger la cosecha.

Conclusión:

Las iglesias celulares crecen cuando existe un claro equilibrio entre las células y la celebración. Algunas iglesias enfatizan demasiado después de la célula con deterioro de la celebración, o la celebración con deterioro de la célula. Sin embargo, ambas son esenciales. Si deseamos tener una iglesia celular floreciente, sus células deben impartir vida. Sus cultos de celebración deben ser inspiradores, bien planeados, y caracterizados por una predicación poderosa. Cuando las células de primera calidad se combinan con una celebración brillante, se produce una explosión espiritual que es capaz de un imparable crecimiento. Esa es la dinámica en las iglesias más grandes del mundo.

34 Temas Que Producirán Un Liderazgo De Éxito

Tema No. **28**

Alcanzando Tu Llamado
Jer.29:11

Introducción:

Dios ha colocado dentro de cada persona una visión que ha sido diseñada para darle propósito y dirección a la vida. Nuestro mundo está lleno de gente que está muy ocupada pero sin rendir nada y sin sentirse satisfechos con nada. Ellos hacen muchas cosas, invierten tiempo y energía, pero sin hacer cosas de valor. Ellos pasan sus vidas haciendo mucho movimiento pero sin avanzar a ningún lado.

La mayoría de personas tiene interés en su destino, pero no tienen ninguna pasión o ningún impulso que los lleve a realizarlo. Ellos no creen completamente en los sueños que Dios ha puesto en sus corazones.

USANDO TUS ENERGÍAS

1. ¿En qué estás usando tu preciosa energía? ¿Sientes que tu trabajo es compatible con tu personalidad? O ¿Acaso estás derramando tu vida hacia tu trabajo sin sentirte realizado y sin que se vea ningún fruto de lo que haces?

2. ¿Acaso has estado pasando tu vida, ayudando a alguien más a que se vuelva rico, mientras que tú te quedas con muy poco o con nada?

3. ¿Acaso sabes la razón de por qué existes?

4. ¿Acaso crees que naciste sólo para ir un trabajo, regresar por la tarde, comprar una casa, jubilarse y luego morir? La vida fue hecha para que tuviera significado; tú no naciste sólo por el simple hecho de nacer.

B. El objetivo de la mayoría de la gente es el retiro o la jubilación. Si todo lo que tú tienes como esperanza después de haber trabajado durante años es sólo una pensión de jubilación, entonces, tu vida es una fracaso que se está llevando a cabo.

C. Tú no fuiste diseñado para moverte sólo como un caballito mecedor. La vida no tiene que ser algo sin objetivo, tú fuiste enseñado para llegar a realizar sueños poderosos.

SIN UN SUEÑO, LA VIDA PIERDE SIGNIFICADO

A. Cuando la gente carece de esperanza, ellos se llenan de resentimiento hacia sus trabajos, hacia la vida o hacia su familia. Una vida sin visión es una vida gris que ha sido golpeada por la pobreza. Esta es la razón del por qué la Biblia nos anima con estas palabras:

"Yo sé los planes que tengo para vosotros, planes para vuestro bienestar y no para vuestro mal, a fin de daros un futuro lleno de esperanza. Yo, el Señor, lo afirmo." (Jeremías 29:11).

B. Tener una visón o un sueño es algo inseparable del ser humano.
   1. ¿Cuál es tu sueño? ¿Acaso te ves a ti mismo poniendo tu propia oficina de abogado?
   2. ¿Acaso sueñas con ser propietaria de un exitoso establecimiento donde la gente está esperando, formados en una línea para comprar los artículos de moda que tú diseñaste?
   3. ¿Acaso has pensado acerca de ser el dueño de un restaurante con reputación de primera clase?
   4. ¿Acaso sueñas en escribir algún libro?
   5. ¿Acaso sueñas con regresar a la escuela y poder hacer algo con tu educación y con tus habilidades académicas?

6. ¿A caso sueñas con ser un pastor de miles de almas o un líder dirigiendo a decenas de personas a los pies de Cristo?

C. La gente tiene muchas hermosas ideas en sus mentes, pero rara vez actúan basados en ellas. Pasan cinco o diez años, y ellos todavía no han hecho nada que ayude a realizar sus sueños. Pasan veinte años, y ellos todavía no han llegado a hacer lo que realmente querían crear o construir.

1. Mucha gente ha llegado al final de sus vidas, completamente secos, en lugar de estar realizados debido a que no existe relación alguna entre sus trabajos, actuales y sus sueños o visiones.

- Tal vez en este momento, tienes tantos sueños o visiones que no se han realizado
- Tal vez comenzaste a ir en busca de tu sueño, pero te desviaste o lo abandonaste
- Quizá no había suficiente dinero, demandaba mucho tiempo de ti
- Tal vez había gente en contra tuya, o tu propia familia dijo que esto nunca iba a llegar a ser posible. Debido a esto te retiraste. No desmayes sigue soñando, sigue planeando que Dios concederá las peticiones de tu corazón

NACIDOS PARA SER DIFERENTES

A. Tú nunca vas a estar satisfecho viviendo de una manera a medias, debido a que tú no fuiste creado para ser "normal". Un águila no es feliz enjaulada, un pez no es feliz en el pasto. Tú no fuiste diseñado por Dios para mezclarte con todos, sino para destacar en medio de todos.

B. Nacidos para ser conocidos por algo

1. Cada ser humano fue creado para llevar a cabo algo específico que *nadie más puede hacer.* Tú fuiste diseñado para ser conocido por algo especial, para hacer algo que te va a hacer inolvidable, algo que el mundo no va a poder ignorar.

NO ENTIERRES TUS TESOROS

A. Es triste saber que muchos entierran sus sueños, haciendo de ellos un cementerio para su precioso tesoro que Dios les dió.

B. Si tú tienes dieciocho años de edad. ¿Qué has hecho hasta ahora? ¿Has pasado tanto tiempo tratando de agradar a tus amigos que ya ni siquiera sabes quién eres o de qué se trata tu vida? Si es así, tú no te estás haciendo ningún favor. Tú no estás cumpliendo tu propósito.

Tú sólo estás reaccionando a la "presión de tus compañeros". En realidad, tú le estás permitiendo a otros que gobiernen tu vida. Tal vez tú tienes cuarenta años de edad. ¿Qué has hecho hasta ahora que el mundo no va a poder olvidar? ¿Qué tanto tiempo más vas a ir a la deriva, sin trabajar en la dirección de tu sueño?

C. Es deprimente estar alrededor de gentes que solo están existiendo, pero es excitante estar alrededor de gentes que tienen dirección y que están haciendo aquello para lo cual nacieron.

1. Muchos pasan toda su vida, vagando lejos de aquello para lo cual Dios los hizo, debido a que nunca han llegado a reconocer quiénes son ellos.

2. La gente no llega a realizar sus visiones debido a que ellos no tienen ningún sentido del destino. Ellos dicen, "bueno, yo tengo un trabajo, yo solo quiero mantenerlo seguro". El solo hecho de mantener un trabajo o de aferrarse a un trabajo es como si solo te estuvieras manteniendo a flote en altamar.

NO TE QUEDES ESTÁTICO EN EL MISMO NIVEL

A. Para progresar en la vida, necesitas aprender los siguientes pasos:
- Si eres ayudante de albañil, procura llegar a ser albañil
- Si ya eres albañil procura llegar a ser el contratista
- Si ya eres contratista procura ser inversionista
- Si trabajas en una carnicería procura ser el propietario del negocio
- Si trabajas en una tienda de abarrotes procura llegar a comprar la tienda
- Si eres músico y ayudas a hacer grabaciones procura tener un estudio propio
- Si eres un niño espiritual no te quedes en este nivel, procura pasar de niño a guerrero, de oidor a hacedor, de estar en la silla, a ser el líder de tu equipo, de esperar que alguien te ayude a ser una ayuda para los demás.

B. No te quedes estático, antes procura que en cada trabajo puedas irte colocando en una posición mayor que la presente, para que tú puedas llegar a realizar tus sueños. El deseo de Dios es que su pueblo sea prospero en todo 1Jua.3:2; José no fue un joven conformista donde quiera que se le asignaba una responsabilidad, José procuraba dar lo mejor y así fue escalando hasta ver cumplidos sus sueños. Leer Gen.39:4, Gen.39:21-23, Deut.28:12-13

Conclusión:

Los apóstoles, fueron conocidos por sus hechos y no solo por sus palabras. El libro se llama los Hechos de los Apóstoles debido a que ellos fueron hacedores. Ellos tenían un destino y ellos estaban ocupados trabajando hacia ese destino. Ellos nunca se montaron en un caballito mecedor, al contrario, ellos estaban cambiando sistemas, ellos estaban afectando al gobierno, ellos estaban transformando al mundo entero. Las ciudades tenían miedo de ellos y pueblos enteros se ponían nerviosos cuando ellos aparecían porque se había dicho de ellos, *"Esos que han trastornado al mundo han venido acá también"* (Hechos 17:6). Tú debes ser conocido por tu visión.

Tema No. 29

Ovejas Sin Pastor

(Mateo 9:35- 37).

Introducción:

¿Por qué es necesario un pastor? Desde el principio en cada iglesia Dios constituyó pastores. Las siete iglesias del apocalipsis tenían pastores. La presencia del pastor fue y será siempre de relevante importancia, ya que el pastor cura, alimenta, orienta, previene y ora a Dios por el rebaño etc...

UNA OVEJA SIN PASTOR ESTA DESPROTEGIDA

A. Gracias a Dios por nuestros pastores porque no lo hubiéramos logrado, si no hubiéramos tenido un pastor que nos guiara y nos alimentara desde nuestros primeros años.
   1. Una oveja sin pastor está desprotegida, confundida, y en peligro. Por esta razón la Biblia nos dice en *Jer.23: 4 Y pondré sobre ellas pastores que las apacienten; y no temerán más, ni se amedrentarán, ni serán menoscabadas, dice Jehová.*

B. Nos vemos cada dia frente a gentes desfavorecidas; personas confundidas, sin esperanzas, desorientadas y tristes. Atrapadas en los vicios de borracheras, prostitución, fracasados; otros poseidos por demonios, metidos en brujería o visitando a los brujos, enfermos desahuciados. Prediquémosle de Cristo a esas multitudes, pues es todo lo que podemos hacer para tener compasión por ellos.

C. En todo el mundo, esta cosecha de almas está esperando que sea recogida. ¡La cosecha es demasiado grande*!;* debemos de hacer todo lo posible y dar todo lo que somos para alcanzar a los perdidos. Debemos satisfacer la demanda desesperada de Dios.

EL MÉTODO DE JESÚS PARA GANAR LAS ALMAS

A. **El método de Jesús.** Jesucristo tuvo un método para alcanzar a la gente: recorría la zona buscando a la gente. No se quedó sentado esperando que la gente viniera a él. Luc.19:10. Somos necios al quedarnos sentados esperando que la gente venga a nosotros. La vasta y gran mayoría no vendrá. No saben que tienen que venir; tenemos que salir a buscarlos. El mismo método nos es dado en la gran comisión. Mat.28:19-20

B. **Jesús fué literalmente a todas partes:**
- A todas las ciudades y aldeas Mat.9:35
- A los montes 5:1
- A las sinagogas 9:35
- Viajó en bote 8:23
- Viajó a los cementerios 8:28
- Fué a los hogares para sanar a los enfermos 8:14
- No hubo lugar que Jesús no visitase para ministrar Mat.22:9, Hech.1:8

C. **Jesús usaba lo que estuviere a disposición y los que estaban disponibles.** Cuando se presentaba la oportunidad iba a donde quiera, fuese una audiencia numerosa o donde hubiera una sola persona. Mis hermanos, hay miles y miles de personas engañadas por el enemigo y por las religiones. Es imposible seguir tranquilo.

EL CRECIMIENTO DE LA POBLACIÓN

A. La población del mundo está creciendo a una cantidad anual de más de 60 millones pero, menos de 3 millones de ese total son alcanzados por el evangelio. El mundo se está lanzando a una eternidad sin esperanza, en un porcentaje alarmante.

    1. La población crece en un porcentaje de mas de 150.000 personas diariamente (casi sesenta millones al año) de los cuales, solamente unos dos millones son alcanzados con el evangelio.
    2. Unos 15.000 mueren diariamente.
    3. Cada año casi dos millones de personas se suicidan.
    4. Ha llegado para los cristianos el momento de entrar a este basto campo de cosecha humana, con mucho vigor y dedicación.

B. Los musulmanes envían anualmente 4.000 misioneros al sur del Sahara y mientras ellos convierten catorce africanos a su religión, los cristianos solo ganan uno para Cristo.

    1. En la India en un solo distrito existen 40.000 personas. Un censo reciente demostró que no había ni un solo cristiano en todos estos pueblos. Ningún pastor ni misionero o evangelista ha predicado alguna vez el evangelio allí.
    2. Estas multitudes de personas viven y mueren en sus pecados, no porque hayan rechazado el evangelio, sino porque durante los últimos dos mil años ni un cristiano ha obedecido a Cristo e ido a ellos con el evangelio.

LA PASIÓN DEL SEÑOR POR LOS PERDIDOS

- Llamó doce discípulos, les dió poder de echar fuera demonios, de sanar a los enfermos y les envió fuera a ayudar a recoger la cosecha.
- Luego, llamó setenta mas. Les otorgó a todos los creyentes el poder.
- Luego llamó a 120 y los llenó de su Espíritu Santo

A. Cristo no nos dijo que fuéramos a la iglesia y tocáramos la campana. Él dijo: *Id por los caminos y por los vallados Y forzadles a entrar, para que se llene mi casa (Lucas 14:23)*. No podemos alcanzar a los perdidos dentro de la iglesia. Para ganarlos, debemos salir de la iglesia e ir donde ellos están.

1. En el edificio se persiguen dos propósitos: primero, adorar a Dios y segundo, es el adiestramiento. Por esta razón la Iglesia primitiva permanecía ocupada cada día (Hech.5:42).
2. Un pescador no va a pescar en la tina de su baño; un granjero no puede recoger la cosecha en su comedor. Debemos llevar nuestro testimonio lejos del santuario, en los mercados, en las calles, en las cárceles, en los hospitales, en las áreas de prostitución, en los hogares de los pecadores, entre la gente, allá donde están los pecadores. ¡Esto es evangelismo!

3. Los musulmanes no entrarán a un templo cristiano. Los budistas, los mahometanos, nunca irán a la casa de adoración de los cristianos. Más cuando salimos con el evangelio a los sitios públicos: las playas, los parques, en los hogares, entonces los guiaremos al conocimiento de Dios.

¿DÓNDE PREDICARON EL EVANGELIO QUE GANÓ A LOS MILES DE PECADORES?.

A. Muchas congregaciones hicieron oración pidiéndole a Dios que *Él recoja la cosecha.* Esto es lo que muchas congregaciones están haciendo. Oran sinceramente. "Oh Dios, salva las almas perdidas; envíalas a esta querida iglesia para que se conviertan aquí mismo". Hoy, muchos miembros de iglesias nunca han llevado un alma a Cristo en sus vidas, ¡y lo que es aún peor, ni siquiera lo han intentado!

Allá afuera del templo

1. Allá afuera Felipe predicó a toda Samaria, mezclándose entre la gente que no conocía a Dios

2. Allá afuera en un camino de mercaderes Felipe encontró al EUNUCO y le llevó a Cristo

3. Allá afuera fue donde el maestro encontró a FELIPE

4. Allá afuera Andrés encontró a su hermano PEDRO

5. Allá afuera Pedro encontró a CORNELIO

6. Allá afuera junto a un rio Pablo encontró a LIDIA

7. Allá afuera junto a un poso Jesús encontró a LA SAMARITANA

8. Allá afuera remendando las redes Jesús encontró a PEDRO Y ANDRES

9. Allá afuera fue donde Felipe encontró a NATANAEL

10. Allá afuera Jesús encontró a MAGDALENA, a MATEO, a ZAQUEO, al ENDEMONIADO.

B. Mirad los Campos Jua.4:35; *No decís vosotros: Aún faltan cuatro meses para que llegue la siega? He aquí os digo: Alzad vuestros ojos y mirad los campos, porque ya están blancos para la siega. Me es necesario hacer las obras del que me envió, entre tanto que el día dura; la noche viene, cuando nadie puede trabajar Entre tanto que estoy en el mundo, luz soy del mundo. Juan 9: 4*

Conclusión:

Podemos alcanzar cientos de hombres grabando nuestras voces y las de nuestros pastores. Cada vez que regalamos un caset, un video, un tratado, estamos realizando una operación multiplicadora para ganar almas. **Las ovejas sin pastor son desgarradas por los leones, por los lobos, por las fieras del campo. Dios quiere que cada ser humano, cada oveja tenga un pastor y viva bajo el abrigo del altísimo.**

34 Temas Que Producirán Un Liderazgo De Éxito

Tema No. 30

Los Frutos De La Obediencia

Job 36. 10-11, Rom.13-1-7

Introducción:

«Obedecer» Se traduce en escuchar dar oído y, someterse. El trono de Dios se fundamenta en los principios de su autoridad. De otra manera en el cielo habría un desorden y un caos. ¿Cuándo fue que el querubín precioso se convirtió en Satanás? Cuando entró la rebeldía en él. El reino de Dios se mueve en principios de autoridad espiritual, y es necesario poder comprender estos principios para no caer bajo maldición.

Quien motiva a la desobediencia, es Satanás y no Dios. Cuando una persona entra en desobediencia está actuando bajo los principios de Satanás; por lo tanto Satanás toma control de esa vida ya que esta en sus campos.

OBEDIENCIA LA MAYOR EXIGENCIA DE DIOS

A. No es que yo cante bonito, no es que hable hermoso, no es que trabaje con destreza. La única manera de aprender obediencia es morir al yo. *Gal.2: 20 Con Cristo estoy juntamente crucificado, y ya no vivo yo, mas vive Cristo en mí; y lo que ahora vivo en la carne, lo vivo en la fe del Hijo de Dios, el cual me amó y se entregó a sí mismo por mí.*

B. ¿Cómo me puedo sujetar a Dios y autoridad espiritual? Teniendo un encuentro con Jesús.

C. La obediencia es una de las cosas, con las que el hombre más batalla en su mente y su corazón. Ya que desde niños no estamos impuestos a obedecer. Cuando obedecemos no obedecemos al hombre, si no a la autoridad puesta por Dios. Romanos 13; 1samuel 15:22

 LA OBEDIENCIA TRAE PROTECCIÓN, CONFIANZA, PROSPERIDAD, Y LARGURA DE DÍAS

A. La Biblia es un libro que nos motiva por todos lados a la obediencia.

1. Obedecer al evangelio: *2 Ts 1. 8-9 en llama de fuego, para dar retribución a los que no conocieron a Dios, ni obedecen al evangelio de nuestro Señor Jesucristo; 9 los cuales sufrirán pena de eterna perdición, excluidos de la presencia del Señor y de la gloria de su poder.*

(Ro 10. 1) Mas no todos obedecieron al evangelio; pues Isaías dice: Señor, ¿quién ha creído a nuestro anuncio?

2. **Obedecer a las instrucciones apostólicas** *(Fil. 2.12) Por tanto, amados míos, como siempre habéis obedecido, no como en mi presencia solamente, sino mucho más ahora en mi ausencia, ocupaos en vuestra salvación con temor y temblor.*

3. **Obedecer a los esposos como Sara lo hacía** *(1 P 3:6) como Sara obedecía a Abraham, llamándole señor; de la cual vosotras habéis venido a ser hijas, si hacéis el bien, sin temer ninguna amenaza.*

4. **Obedecer a los padres** *(Ef 6.1-3; Col 3.20); Hijos, obedeced en el Señor a vuestros padres, porque esto es justo. 2 Honra a tu padre y a tu madre, que es el primer mandamiento con promesa; 3 para que te vaya bien, y seas de larga vida sobre la tierra.*

5. **Obedecer a los amos terrenales** *(Ef 6.5-8; Col 3.22); Siervos, obedeced a vuestros amos terrenales con temor y temblor, con sencillez de vuestro corazón, como a Cristo; 6 no sirviendo al ojo, como los que quieren agradar a los hombres, sino como siervos de Cristo, de corazón haciendo la voluntad de Dios; 7 sirviendo de buena voluntad, como al Señor y no a los hombres, 8 sabiendo que el bien que cada uno hiciere, ése recibirá del Señor, sea siervo o sea libre.*

6. **Obedecer a sus pastoras** *Hebre. 13:17 Obedeced a vuestros pastores, y sujetaos a ellos; porque ellos velan por vuestras almas, como quienes han de dar cuenta; para que lo hagan con alegría, y no quejándose, porque esto no os es provechoso.*

LOS RESULTADOS DE LA OBEDIENCIA.

A. La obediencia de Noé le salvó de la ira que descendió en el diluvio. Génesis 6.13-22.

B. La obediencia de Abraham le trajo bendiciones incomparables, Génesis 12.1-4, Gen.13:2, 6-7; *Gén.22.17*

C. La obediencia del pueblo de Israel. *Números 9.23.*

D. Cuando se aprende la obediencia se reciben muchas bendiciones

- Naamán el cirio sanado de su lepra por la obediencia *2Reyes 5:9-14*
- Por su obediencia un ciego recibe la vista *Jua.9:6-11*
- Los diez leprosos al obedecer fueron premiados con sanidad. *Lucas17:12-14*

Mis amados hermanos, las bendiciones de la obediencia no pueden ser pasadas por alto. Deuteronomio 28.1-14. Josué 1.7 *Solamente esfuérzate y sé muy valiente, para cuidar de hacer conforme a toda la ley que mi siervo Moisés te mandó; no te apartes de ella ni a diestra ni a siniestra,* **para que seas prosperado en todas las cosas que emprendas.**

Conclusión:

¿Ama realmente usted a Dios? La obediencia a Dios es la única evidencia posible de que en su corazón cree en Dios. Si el resultado de la obediencia a Dios es grande y maravilloso ¿por qué no empezar, creer *y recibir* en este día? *1 Juan 3.2. Cualquiera cosa que pidiéremos la recibiremos de él, porque guardamos sus mandamientos, y hacemos las cosas que son agradables delante de él.* Totalmente nos conviene la obediencia a Dios.

34 Temas Que Producirán Un Liderazgo De Éxito

Tema No. 31

Avivamiento Por La Oración

(Efesios 6:10-11,18,)

Introducción:

La vida de oración del líder promoverá un espíritu de oración en la iglesia. David Cho, el pastor de la iglesia más grande de Corea, expone el problema: "Los americanos darán su dinero, cantarán canciones, construirán edificios y predicarán, pero no orarán". Joan Wesley dijo: "Dios no hará nada en la tierra, excepto en respuesta a las oraciones de los creyentes".

LAS IGLESIAS QUE ORAN SON UNA SEÑAL DE VIDA Y DE PROSPERIDAD ESPIRITUAL.

A. Un mover de Dios durará tanto como el espíritu de oración que lo inspiró. Si en esta era de densas tinieblas deseamos construir iglesias efectivas, esto iniciará con la oración de los líderes.
   1. La oración en la iglesia es la única esperanza para un mover, del Espíritu Santo en el poder y pureza.
   2. La oración es el único medio para cambiar una iglesia estancada en una iglesia celosa y encendida.
   3. La oración debe afectar la vida devocional personal de cada creyente.

 LA ORACIÓN ANTES DEL SERVICIO
(Apoc.8:3-4). (Hech.1: 12-14). (Hech.2:1-4).

A. Si uno puede activar a mil y dos mil, puede activar a diez mil, Deut.32:30 ¿puede usted imaginarse a cientos de miles de santos unidos en una oración? ¡El poder va más allá de la comprensión! Sal.141:2; Mat.18:19:20

B. Debemos de romper con la esclavitud del silencio en nuestro tiempo de oración corporativa. Que cuando se escuche a la iglesia orar, suena como el poderoso rugir de una enorme cascada".

C. **La Oración previa al servicio.** Un período de intensa oración unida en el comienzo de cada servicio, es una clave para la vida espiritual, el fluir y la unción.
   1. Debemos romper la atadura del silencio en nuestros tiempos de _oración corporativa_. En las escrituras, el silencio generalmente habla de muerte.
   2. Debemos levantar nuestras voces con fe y con poder. La Biblia tiene mucho que decir a cerca de nuestra voz en la oración y en la adoración.
   3. Eleva la oración, alza tu voz, y grita a voz en cuello, son palabras usadas en las escrituras para describir la oración (vea Isaías 37:4; 40:9; 42:11; 52:8; 58:1; Salmos 30:12; 150; 2 Crónicas 15:14; 20:19; Lucas 17:15; 19:37; Hechos 4:24; Hechos 3:8-9; Jueces 21:2)
   4. Cada cristiano debería establecer un fuerte tiempo de oración antes del culto. La oración corporativa es uno de los principios que los apóstoles practicaban en el libro de los Hechos con la primera iglesia y ha continuado para ser una clave de poder a través de las edades.

D. **Lo que puede hacer la oración corporativa**
   1. La oración corporativa es el ejército de Dios que se mueve en unidad.
   2. La oración corporativa es el poder del acuerdo en su máximo nivel. (Mat.18:19-20).
   3. La oración corporativa provee el poder necesario para atar al hombre fuerte. (Mat.18: 18).

4. La oración corporativa puede quitar los obstáculos que se hallan en el camino del avance espiritual.
5. La oración corporativa reconoce el principio espiritual de la unidad recibiendo los muchos beneficios. (Salmo 133).
6. La oración corporativa, debe ser usada cuando alguien en la iglesia local está en gran prueba o necesidad. (Hechos 12:5-12).

E. La oración previa al servicio ayudará a la iglesia a entrar en la presencia del Dios con manos limpias y corazón puro. *(Salmo 24:3-5). (Hebreos10:19-23). (Sant. 4:8).*

1. El tiempo de oración previa al servicio ayuda a la iglesia a afinar su oído espiritual para escuchar la palabra de Dios. <u>La gente necesita tiempo para lavarse antes de sentarse a la mesa del banquete de Dios.</u>
2. La oración corporativa previa al servicio nos prepara de tal manera que el Espíritu Santo pueda moverse con poder.

F. No permita que la casa de Dios se convierta en un lugar común.
1. Como adoradores, entremos en cada servicio de adoración con reverencia y temor.
2. Si la oración es altamente estimada por el liderazgo, la congregación también lo hará. Asa recibió una maravillosa pero también terrible palabra profética en 2 Crónicas 15:1-7. La palabra profética decía que:

1. El Señor estará contigo si tú estás con Él.
2. El Señor dejará que lo encuentres, si estás dispuesto a buscarlo.
3. El Señor te abandonará, si tú lo abandonas.
4. El Señor te recompensará si tú lo buscas.

3. *Más si desde allí buscares a Jehová tu Dios, lo hallarás, si lo buscares de todo tu corazón y de toda tu alma. Cuando estuvieres en angustia, Y te alcanzaren todas estas cosas, si en los postreros días te volvieres a Jehová tu Dios, y oyeres su voz; porque Dios misericordioso es Jehová tu Dios; no te dejará, ni te destruirá, ni se olvidará del pacto que les juro a tus padres "* (Deuteronomio 4:29-31). 1Cron.16:10-11; 2Cron.7:14

Conclusión:

El pueblo de Dios debe estar dispuesto a pactar con Dios y comprometerse por sí mismo a buscar el rostro del Señor, es un compromiso hecho mediante un voto. Dios: danos líderes como el rey Asa que llamen a la Iglesia a un pacto de oración en estos tiempos de trascendental importancia.

34 Temas Que Producirán Un Liderazgo De Éxito

Tema No. 32

Las Iglesias Exitosas
Persiguen Metas Definidas
1Cor.9:24; Fil.3:13-14

Introducción:

Metas claramente definidas forman una fuerte unión como un eslabón de hierro. Todas las iglesias exitosas establecen metas claras y definidas tanto a nivel de iglesia como de la célula. Las iglesias que crecen tienen metas definidas. Establecen metas medibles para la asistencia, para la escuela dominical, para los avivamientos y para otras muchas áreas. Establecer las metas, ayuda para que las iglesias puedan crecer. Las metas desafiantes y los grandes planes, crean un sentimiento de entusiasmo.

Enciende El Fuego De Tu Liderazgo

ESFUÉRCESE EN VER CUMPLIDA SU MULTIPLICACIÓN

A. Una de las metas, es que cada célula se esfuerce en ver su multiplicación. Los líderes celulares que conocen sus metas -cuando sus grupos van a dar nacimiento a otro grupo- de forma consistente multiplican sus grupos más a menudo que los líderes que no las conocen.
   1. De hecho, si el líder fija metas, las posibilidades de multiplicar aumentan a un 75% y hasta el 80% en cambio si un líder de célula no fija metas que los miembros de su célula recuerdan, él tiene un 50% de posibilidades de multiplicar su célula.

   2. Los mejores líderes de células siempre tienen un curso planificado, metas específicas y objetivos escritos. Ellos tienen en mente la dirección en la que quieren ir.

B. El pastor de la iglesia Misión Carismática Internacional, es uno que cree firmemente en las metas a corto y a largo plazo. En octubre de 1996, cuando la iglesia tenía 5.600 grupos celulares, la meta de la iglesia era tener 10.000 grupos celulares al 31 de diciembre de 1996. Dos pastores dijeron que estaban seguros que iban a poder cumplir las metas aunque solo tenían 3 meses. Esto representaba saltar de 5.600 grupos celulares a diez mil en tan solo tres meses. En términos prácticos, esto es humanamente imposible.

C. Dios se especializa en lo «humanamente imposible». Sin embargo, el pastor condujo a sus tropas en un último esfuerzo. Los líderes celulares estaban con tanto entusiasmo que no solo alcanzaron la meta de 10.000 grupos, sino que los rebasaron. *(Tomado de los escritos de Joel Comiskli)*
1. Cuando uno de los líderes de Dios está lleno con su visión, el Espíritu Santo se mueve poderosamente a su favor. Como usted se podrá imaginar, Dios puede usar a un líder con metas claras.

LAS IGLESIAS CELULARES EFICACES SABEN A DONDE VAN

A. Nos asombramos como la orientación por metas, satura todos los niveles de la iglesia celular.
1. En la iglesia celular, las metas de multiplicación son anunciadas para mostrar cuales líderes están más cerca de alcanzar sus metas (la meta para cada líder es una multiplicación del cien por ciento). Obviamente, nadie desea ser el último en multiplicar en la lista. La «competencia saludable» que existe entre los pastores crea un alto grado de motivación para crecer.
2. Yonggi cho, este pastor sabe muy bien cuáles son sus metas. Él sabe a dónde va su iglesia y como hará para llegar allí. Cho dice: «El requisito número uno para tener un crecimiento verdadero -un crecimiento ilimitado en la iglesia es fijar metas.

Él recomienda cuatro principios para establecer las metas:
- Fije metas específicas.
- Sueñe cada día con esas metas.
- Publique esas metas a la iglesia.
- Prepárese para el cumplimiento de las metas.

B. Cho dice que las metas son tan esenciales para el éxito de la célula que, el sistema se derrumbaría sin estas metas. Él dice: «Muchas iglesias están fallando en su sistema celular porque no les dan una meta clara a las personas ni les recuerdan constantemente sus metas.
   1. Si el grupo de amistad no tienen ninguna meta, entonces las personas se reunirán y simplemente tendrán un gran compañerismo.
   2. El Pastor Cho dice: Muchas personas me criticaron porque yo estaba dando metas a las personas de mi iglesia, y luego les animaba a que las lograran. Pero si usted no les da una meta, ellos no tendrán ningún propósito de estar en la célula.
   3. Tenga en cuenta que la meta es la que produce multiplicación. Con 25.000 líderes de célula, estableciendo metas claras de multiplicación, es de maravillarse que la iglesia Evangélica lo completó, es la iglesia más grande en la historia del cristianismo.

🔵 LAS METAS Y LA VISIÓN

A. La multiplicación no sucede asi como asi. En realidad, a menudo sucede exactamente lo contrario. La verdadera tendencia de los grupos celulares es de mirar hacia adentro. ¿Por qué debe la célula pensar siquiera en formar un nuevo grupo?

B. Un gran número de células tienen la tendencia de «volverse hacia adentro» *sin una visión para el crecimiento el pueblo, perece (Proverbios 28:19)*.
    1. Esta visión solo puede venir del liderazgo. Los líderes que lanzan la visión, avivan la llama y mantienen viva la meta. La visión, como la fe, ve las cosas que no son como si fueran.

C. Mientras algunos miembros de célula abrazan la multiplicación de la célula como el punto cumbre, feliz de haber logrado el propósito de cumplir la Gran Comisión de Cristo, otros hablan sobre la división de la célula con una insinuación negativa. El líder hace la diferencia en la manera con que el grupo ve el crecimiento y la multiplicación.
    1. La historia de dos vendedores de zapatos que fueron a África nos ayudará a comprender lo que es la visión para el grupo. Al llegar al África ambos notaron que muy pocas personas llevaban zapatos. Uno telegrafió a su oficina en su país, diciendo: «Nuestra compañía no tiene futuro aquí, no hay ningún mercado para nuestro producto. Nadie usa zapatos».

2. El otro vendedor envió rápidamente un telegrama diciendo lo siguiente: «El mercado aquí es como una mina de oro. ¡Todos necesitan zapatos!».
3. Líder de célula: ore y pregúntele a Dios que le muestre su voluntad para el grupo. Quizás esta es la razón por la que los líderes que pasan más tiempo con Dios son más eficaces en la multiplicación de la célula. Ellos han recibido la visión de Dios para el grupo celular.

LAS METAS Y EL REALISMO

A. Las metas y los sueños impulsan a un líder de célula para hacer que suceda.
   1. Su iglesia también puede crecer rápidamente. La clave está en los líderes celulares que oran y que han asumido una mentalidad de metas definidas.
   2. Cada uno de los líderes del pastor Cho debe saber cuándo su grupo dará nacimiento a otro (es preferible conocer la fecha exacta).
   3. «Los líderes de célula fijaron una meta para duplicar la célula en un cierto periodo de tiempo. Estas metas pueden ser alcanzadas mientras el Espíritu Santo unge a las personas que trabajan en el grupo»
   4. Aquellos líderes de célula que conocían la fecha para la multiplicación de su célula tenían mayores probabilidades de multiplicar su célula que aquellos que no fijaron una meta.

Conclusión:

Los grupos celulares tienen la tendencia a enfocar su atención hacia adentro y a ocuparse de sus propios intereses, por lo tanto necesitan una meta claramente definida para mantenerlos enfocados hacia afuera, hacia la evangelización, asi lo ordenó el Señor Jesucristo. Jesús los instruía y luego los enviaba. *Marcos 16:15,16; Luc.10:1; Mat.22:8-10; Hech.1:8; Mat.10:5-8.*

Hay más de una manera de multiplicar un grupo celular con éxito. La clave está en experimentar hasta que descubra que es lo que funciona más para usted.

34 Temas Que Producirán Un Liderazgo De Éxito

Tema No. 33

Organización Celular
Fil.1:6, 2Cor.13:9,

Introducción:

Las células de los organismos tienen que organizarse para lograr armonía en el cuerpo. Los grupos de células son semejantes y también desarrollan funciones parecidas, por ejemplo: las células de la piel forman un tejido llamado epitelial; su trabajo consiste en protegernos del sol, polvo o microorganismos, así como de eliminar desechos mediante el sudor.

Además, en nuestro cuerpo hay muchas clases de tejidos. El tejido muscular, por ejemplo, está formado por células muy elásticas que trabajan organizadamente para que podamos movernos, caminar o correr. **De la misma manera la red celular dentro de la iglesia** debe de ser lo suficientemente atenta para cuidar y cultivar un sistema celular sano.

LAS CÉLULAS Y LA ORGANIZACIÓN DEPARTAMENTAL
Donde no hay dirección sabia, caerá el pueblo; Mas en la multitud de consejeros hay seguridad. Prov.11:14

EL FACILITADOR O ANFITRION

El facilitador debe hacer lo siguiente:

1. Debe orar intensamente por cada uno de los miembros que componen la célula.
2. Es el encargado de llevar el cuaderno de oración. Debe orar por los colaboradores, líderes, supervisores, pastores y miembros nuevos.
3. Debe proveer un lugar donde puedan reunirse desde 3 hasta 20 adultos.
4. Debe disponer lugar para los niños, un cuarto o un patio.
5. La casa debe estar limpia a tiempo.
6. Debe invitar a la gente que conoce, preferiblemente a sus vecinos.
7. Debe estar en plena comunión con la iglesia a la que asiste y su pastor, si no está involucrado con el sistema de células, debe saber perfectamente qué es lo que van a hacer en su casa. Puede facilitársele esta copia para que la lea.
8. Debe proveer el refrigerio o asegurarse que alguien esté encargado de ello.
9. Debe saludar y atender amablemente a las personas que llegan para la reunión.
10. Debe estar de acuerdo con el líder anticipadamente para toda actividad que tenga prevista.

11. Debe iniciar la reunión con breves palabras y después dejar al líder para que haga su trabajo.

 **EL ASISTENTE.**

El ASISTENTE" *es el principal discípulo del líder. Por eso es quien presta la mayor ayuda al líder. Es la persona que se está preparando para ser el líder cuando la célula se reproduzca o multiplique. Su lugar principal es A LA PAR DE LIDER.*

La responsabilidad de un asistente:
1. Debe ayudar al líder a visitar y discipular a las personas del grupo.
2. Debe invitar y traer gente nueva y animar a todos a hacer lo mismo.
3. Es quién más llama a la casa de los inconversos.
4. Debe asistir a la reunión con claras intenciones de ser ayuda para el líder.
5. Debe llenar las hojas y formularios de rutina de las reuniones de célula.
6. Debe prepararse asistiendo al seminario de capacitación para líderes, a fin de dirigir la nueva célula.
7. Debe ser responsable su líder, rendirle cuentas y coordinar con él todas las actividades.
8. El asistente empieza a compartir el mensaje o dirigir cuando la célula esté próxima a multiplicarse.

El LÍDER DE CÉLULA

Reporta a: Supervisor

Mucho se ha escrito sobre el líder de célula, hay muchas cosas más que aprenderé mientras pase el tiempo.

Las prioridades que debe atender un líder.

1. Debe ser reconocido en su iglesia, barrio y familia como un verdadero hijo de Dios.
2. Debe estar en constante discipulado y ministración por parte del supervisor.
3. Deberá atender a todos los requerimientos de la iglesia a través de su supervisor.
4. Debe prepararse para multiplicar la célula cuando llegue el momento.
5. Debe ser miembro de la iglesia siendo ministrado y atendido por su pastor.
6. Si es joven soltero debe ser ejemplo.
7. Si es hermana mujer casada debe estar sujeta a su marido.
8. Debe comunicar toda anomalía a su supervisor.
9. No puede dejar de discipular de cerca a su colaborador o asistente.

El SUPERVISOR

Reporta a: Pastor de su iglesia. El supervisor, es la persona que tiene a cargo hasta cuatro células a través de sus líderes, a quienes alienta, ayuda y discipula. Es el conecte perfecto entre las células y el pastor de su iglesia.

Responsabilidades de un supervisor:

1. La oración del SUPERVISOR debe estar centrada en sus líderes, supervisores futuros, metas de <u>conquista de la red de células.</u>
2. Debe fluir unido en el equipo de liderazgo de su iglesia, comprometido a ayudar a su pastor de forma constante.
3. Debe ser responsable hacia el pastor, dando cuentas, revisando agendas y <u>aumentando la relación de amor y cuidado</u>.
4. Debe ser responsable directamente de los líderes bajo su cargo.
5. Debe discipular a líderes y colaboradores, reuniéndose con ellos en forma regular y, compartiendo comidas o salidas con ellos.
6. Debe asegurarse de que los líderes estén trabajando según el sistema de células:
   a. Asistiendo y participando en reuniones de planificación con los líderes.
   b. Motivándolos e inspirándolos a alcanzar sus metas.

c. Organizar y ayudar a multiplicar las células a cada uno de sus líderes.

d. Comprobar que haya seguimiento a los nuevos convertidos y visitas, a los recién alcanzados con el evangelio.

7. Apoyar a los líderes con visitas en sus reuniones de células, aconsejando por separado al líder en casos difíciles.
8. Debe organizar convivencias y salidas al campo por lo menos cada tres meses con todos o cada uno de los líderes y las células que supervisa.
9. Debe asegurarse que los líderes entregan sus reportes en tiempo y forma, antes de dar comienzo a la reunión siguiente.
10. Debe asegurarse que sus líderes estén en las reuniones del pastor cada vez que sea necesario

EL PASTOR

Resulta difícil escribir qué es lo que debe hacer el pastor de una iglesia; sin embargo, para el caso de la vida de iglesia casa por casa, debe tener en cuenta algunas cosas elementales sin las cuales no podrá llevar adelante una iglesia que crece a pasos agigantados en cantidad y calidad. Una iglesia que tiene una progresión de crecimiento geométrico, trae algunos trastornos si la visión del pastor está detenida en un punto determinado. Tengo la impresión de ver al pastor de una iglesia con estas características, que es quien está parado en la punta del mástil de una embarcación, con los binoculares puestos, tratando de hacerla llegar a puerto seguro.

Responsabilidades del pastor:

1. Debe orar específicamente y ministrar de manera personal a los supervisores y en la medida de lo posible a los líderes de su iglesia.

2. Debe animarlos en las reuniones de alabanza y adoración en el templo de la iglesia.

3. Debe ser responsable directamente de cinco a seis supervisores como máximo. Para mayor calidad de su trabajo.

4. Debe discipular a los supervisores con visitas periódicas, si es posible compartiendo y comiendo con ellos de vez en cuando. Levantar más supervisores y pastores cuando se sigan multiplicando los grupos.

5. Debe visitar con los supervisores las reuniones de células y ayudar con decisiones en casos difíciles.

6. Debe asegurarse y vigilar que los supervisores estén cumpliendo con sus responsabilidades según el sistema de reuniones de células.

7. Debe dirigir las reuniones de supervisores:
   a) Compartiendo el mensaje.
   b) Dando visión, motivación, anuncios, etc.
   c) Delegando participación a otros.

8. Debe ser responsable de los bautismos que haya por mes.

9. Es responsable de motivar a su iglesia para que use los dones espirituales (Apóstoles, Profetas, Evangelistas, Pastores y Maestros); haciendo posible así la edificación y perfección del cuerpo de Cristo.

10. Debe animar a cada líder a participar en la instrucción semanal para LIDERES DE CÉLULAS.

La agenda: Una herramienta válida

Como buenos soldados, necesitamos una disciplina que asegure nuestra victoria. Hay algunos que no ven mucho fruto en lo que trabajan porque en sus grupos de célula no tienen tiempo para orar, tiempo para prepararse o tiempo para visitar a las personas que necesitan. Todos tenemos 24 horas diarias, todos tenemos ocupaciones, entonces preguntamos: ¿Por qué unos tienen éxito y otros no? Todo radica en la capacidad de organización que tenga la persona.

Cuando una persona tiene su vida en orden y su agenda llena, casi siempre puede añadir otra responsabilidad y la cumple bien. Los desordenados y los desorganizados no hacen mucho, tampoco tienen tiempo para hacer ni una cosa más.

La agenda nos ayuda a no malgastar el tiempo. En vez de pasar tres horas frente al televisor, si tenemos agendada la tarde no tardaremos en darnos cuenta de que hay que ir a ver y hacer visitas a los integrantes de la célula. Sabremos sus domicilios, teléfonos, ocupaciones, horarios y otras tantas cosas más para lo cual se usa LA AGENDA.

Conclusión:

Recuerda esto: Nosotros debemos usar la agenda, no la agenda a nosotros. Tampoco podemos responsabilizarnos de tantas cosas como para dejar de cumplir tareas de padre, madre y ocupaciones laborales. Lo mejor es anotar todo, compromisos de trabajo, familia, y lo referente a las reuniones de células. Aparta tiempo para todo.

Acostumbra llevar contigo LA AGENDA. No sirve de mucho si la dejas en casa cuando la necesitas en tu trabajo para hacer una llamada telefónica, por ejemplo: Comprueba la importancia de ordenar tus pasos. En 1 Corintios 9:24-27 Pablo nos dice la importancia de obtener premio en la carrera cristiana. Para que un atleta logre este sueño, se requiere orden y disciplina.

Sin una agenda de planeación, no se puede tener una manera eficiente de control ni de supervisión y apoyo. Una agenda diaria es muy indispensable para el sano desarrollo del buen funcionamiento del liderazgo.

34 Temas Que Producirán Un **Liderazgo De Éxito**

Tema No. 34

El Líder Que Espera Su tiempo
Éxodo 2:11-15; Ecle.3:1-3

Introducción:

Sé paciente para esperar el tiempo de Dios. ¡Qué difícil es esperar el tiempo de Dios!. Especialmente cuando pensamos que ya, nada va a cambiar cuando estamos bajo presión, cuando estamos en urgencias o en necesidad, entonces comenzamos a desesperarnos. La ansiedad comienza a devorarnos, el enemigo toma su oportunidad y trabaja en nuestro desánimo hasta llegar a la depresión. Dios maneja un tiempo que no es el nuestro.

El tiempo nuestro lo manejamos con un reloj. Dios no usa reloj, pero nos da las cosas cuando es el mejor momento para nosotros, en el tiempo más conveniente. Muchas veces arruinamos lo que Dios quiere hacer o en nuestras propias vidas, por apresurarnos y tomar decisiones por la ansiedad del apuro.

LA INMADUREZ PUEDE PROVOCAR DECISIONES IMPRUDENTES

A. Un creyente, después de haber sido bautizado, pidió una reunión inmediata con el liderazgo de la iglesia porque tenía un tema importante para tratar. El sentía que Dios lo llamaba a ser pastor y quería dejar todo para dedicarse a levantar una iglesia.

B. Moisés es de cuarenta años cuando realiza este acto impulsivo. El querer liberar de la injusticia a los de su sangre, llevando una solución rápida y definitiva a una situación nefasta. Esta acción de inmadurez tuvo a Moisés postergado cuarenta años en los desiertos, mas cuando el tiempo de Dios llegó, el éxito no se hizo esperar.

1. Era Moisés de edad de ochenta años, cuando hablo a Faraón"(Éxodo 7:7). Es interesante notar que en el versículo anterior, o sea, en Exodo 7:6 dice: *"E hizo Moisés y Aarón como Jehová les mando; así lo hicieron.*

2. ¿Fué necesario que transcurriera todo ese tiempo? Dios nunca obra precipitadamente para hacer su voluntad: fue necesario para moisés esperar como lo tenía establecido Dios en sus planes.

C. **El evangelio ha sido muy desacreditado por ministros inexpertos para dirigir, a veces puestos por pastores y a veces puestos por sí mismos.**

D. Moisés pasó cuarenta años completando sus estudios intelectuales en las arenas de Madian.
   - El contraste entre la autosuficiencia y la dependencia
   - Entre la comodidad y la pobreza
   - Entre la posición de autoridad y el servir, estos cambios fueron moldeando a este hombre a la voluntad divina hasta que se produce la graduación en la experiencia de la zarza ardiente.

   1. Imaginemos los sentimientos de fracaso, de impaciencia, de impotencia, de desaliento a los que se enfrentó este hombre: precisamente esto fue lo que ayudó en la preparación de este gran líder.

   2. Moisés estaba siendo llamado a ser un líder fundamental, espiritual y eso requería un cierto proceso, en este caso cuarenta años.

HOMBRES QUE TUVIERON SU TIEMPO DE ESPERA.

A. **Otro ejemplo es el del apóstol Pablo**, admirado por su dedicación y sabiduría. Apenas convertido no fue "Gran Apóstol Pablo" de la noche a la mañana. Habían pasado tres años y aún los discípulos de Cristo le tenían miedo; no creían que fuese discípulo (Hechos 9:26). A esto le sumamos unos años más, hasta que el Espíritu Santo según *Hech. 13:2 "Apartadme a Bernabé y a Saulo para la obra a que los he llamado".* Gal.1:14-24, Gal.2:1-2

B. **Nehemías 2:1-2** Cuatro interminables meses pasaron hasta que Dios respondió a sus oraciones, y estableció como líder encargado de reconstruir los muros de Jerusalén.

C. **Josué 1:1-2** Josué fue instruido por Moisés durante cuarenta años de trayectoria por el desierto hasta que Dios le eligió para llevar la tarea más grande de su vida.

D. **David 1Sa.16:13** Vino el llamado para David pero esto no quiere decir que al instante llegaría al trono, antes de llegar a ser el rey de Israel viene el llamado al servicio en el palacio, la experiencia con el gigante, la fidelidad al ejercito del rey, las persecuciones de Saúl.

E. **José Gen.37:7-11** Trece largos años de rechazo y de odio de sus hermanos y de cárcel. Después de este largo calvario, después de un proceso de preparación viene el día de la graduación para ser el principal sobre Egipto. El Faraón le dice: *"Tu estarás sobre mi casa, y a tu palabra se gobernará todo mi pueblo; solamente en el trono seré yo mayor que tú, (Génesis 41:40).*

1. No sabemos cuáles fueron los motivos precisos de parte de Dios que hicieron que José pasara años en prisión antes de ejercer tal dominio sobre Egipto. Lo que sí sabemos es que estuvo allí muy injustamente (Génesis 40:1-15).

2. Estos hombres seguramente, muchas veces debieron desechar los impulsos en la carne de querer hacer y deshacer, en un tiempo que no era el de Dios. Si sus impulsos son de su carne sucederán dos cosas: se frustrará por todos los problemas que llegarán al ministerio o, le frustrarán porque no habrá crecimiento en su ministerio.

3. Dios tiene el momento justo para el cambio en cada uno de sus elegidos, así como lo tuvo el Señor Jesús en su ministerio desde el tiempo preparación hasta su bautismo por Juan el Bautista en el río Jordán.

PERSONAS QUE SE ADELANTARON AL TIEMPO DE DIOS

A. Sara y abraham se desesperaron y decidieron hacerlo como a ellos les parecía Gen.16: Espera en Dios que Él no falla, Él es fiel. Moisés también se quiso adelantar y su fracaso fue drástico. ¡Señor queremos confiar en ti en este día, y esperar tu tiempo, para darnos lo que te pedimos!. *Exo.33:15 Y Moisés respondió: Si tu presencia no ha de ir conmigo, no nos saques de aquí.*

B. ¿Que provocó que Jesús desplegara todo su poder? La espera de su tiempo fue lo que hizo bastamente conocido su ministerio. Hermano no se desespere, quizás todavía sea su tiempo de preparación. Si es así debe aprovecharlo al máximo, aprenda en estudio personal o en grupo, en el observar y, sobre todas las cosas, servir en lo que esté a su alcance.

1. Recuerda que menos tiempo demora el leñador en cortar un árbol cuando afiló su hacha.
2. Recuerda que para llegar a la cima de la montaña, es necesario pisar el valle primero. Antes del ministerio está el servicio y la sumisión.

C. El tiempo de la preparación es fundamental para nuestro ministerio. De la dedicación y entrega que tengamos en el presente, dependerá el éxito de nuestro futuro. Este tiempo previo a la popularidad, por así decirlo, es muy delicado, uno debe estar fuerte en la fe, consagrado totalmente en amar la obra más que el ministerio personal.

D. Satanás está rondando como león rugiente. Satanás puede estar alimentando tu ego para que menosprecies a quien se encuentre en el ministerio.

2 Sam.15: 3 Entonces Absalón le decía: Mira, tus palabras son buenas y justas; mas no tienes quien te oiga de parte del rey. 4 Y decía Absalón: ¡Quién me pusiera por juez en la tierra, para que viniesen a mí todos los que tienen pleito o negocio, que yo les haría justicia! 5 Y acontecía que cuando alguno se acercaba para inclinarse a él, él extendía la mano y lo tomaba, y lo besaba. 6 De esta manera hacía con todos los israelitas que venían al rey a juicio; y así robaba Absalón el corazón de los de Israel.

E. Tengamos cuidado de la obra de Satanás, porque usted y yo no rendiríamos en donde nos agrada sino donde Dios nos pone. Algunos ministros se han movido sin la voluntad de Dios y han sido solo al fracaso.

F. En las bodas de Caná, Jesús da por sentado que conoce su tiempo, cuando responde a María por su pedido que solucionara la falta de vino. Jesús le respondió: todavía no ha llegado mi hora" Ella quería que adelantara su manifestación mesiánica, este ejemplo nos muestra dos cosas:

1. **primero**, "Todo tiene su tiempo, y todo lo que se quiere debajo del cielo tiene su hora" (Eclesiastés 3:1).
2. **Segundo**, que muchas veces los que nos acompañan pueden hasta apurarnos; y si no es el tiempo de Dios nos pueden llevar a la caída, esto lo hemos visto muchas veces, al tomar el ministerio antes de tiempo o tomar el ministerio equivocadamente. 1 Sam.13:9-14

G. Las señales de las características que estamos en la voluntad divina son: El rendimiento, el gozo y la paz. Por El contrario, el pesar y la angustia son una señal que anuncian una decisión o un camino errado.

Conclusión:

Cuando sea el tiempo de un cambio, el mismo señor se encargará de promovernos, fortalecernos y establecernos para gloria de su nombre. ¿En qué periodo usted se encuentra? ¿En el anonimato, en la preparación, en la popularidad? Inicia la tarea con entusiasmo pero pausadamente. No todo llega rápido. Trate de fortalecer su espíritu y tenga una actitud de servicio constante y Dios le exaltará cuando fuere su tiempo.

¡Le ayudamos a **desarrollar** el sueño de

Escribir su libro!

Diseño Gráfico - Impresion litográfica / Digital

1104 N. Belt Line Rd Irving TX 75061
Tel. (214) 529 2746
torresp29@msn.com

¡Le ayudamos a **desarrollar** el sueño de

Escribir su libro!

Diseño Gráfico - Impresion litográfica / Digital

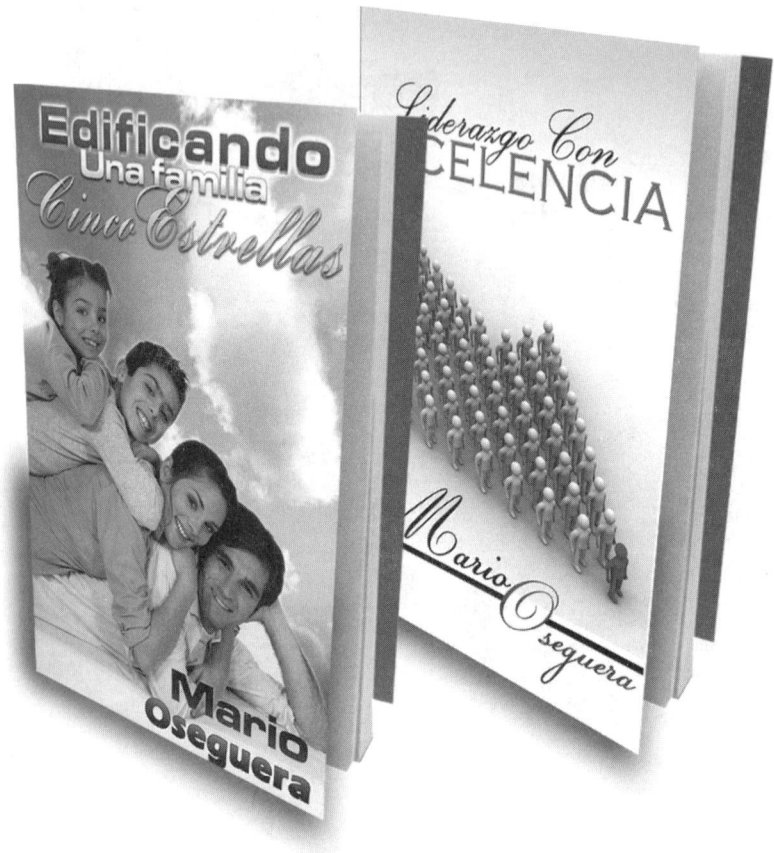

1104 N. Belt Line Rd Irving TX 75061
Tel. (214) 529 2746
torresp29@msn.com

¡Le ayudamos a **desarrollar** el sueño de

Escribir su libro!

Diseño Gráfico - Impresion litográfica / Digital

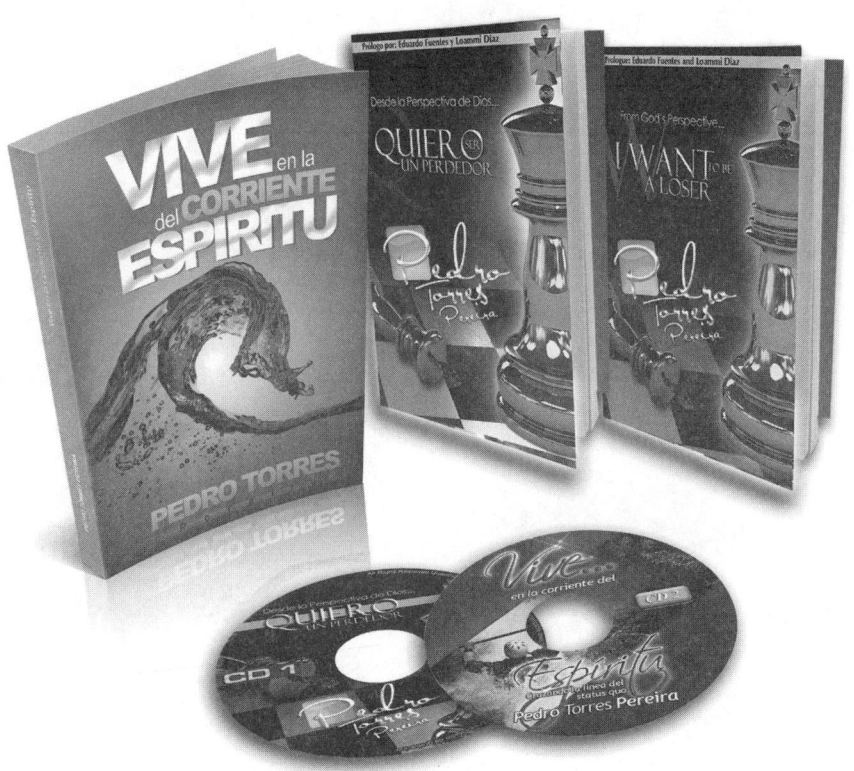

1104 N. Belt Line Rd Irving TX 75061
Tel. (214) 529 2746
torresp29@msn.com